Gröls Verlage

„BÜCHER SIND WIE FALLSCHIRME. SIE NÜTZEN UNS NICHTS, WENN WIR SIE NICHT ÖFFNEN."

**Gröls Verlag**

## Redaktionelle Hinweise und Impressum

Das vorliegende Werk wurde zugunsten der Authentizität sehr zurückhaltend bearbeitet. So wurden etwa ursprüngliche Rechtschreibfehler *nicht* systematisch behoben, denn kleine Unvollkommenheiten machen das Buch – wie im Übrigen den Menschen – erst authentisch. Mitunter wurden jedoch zum Beispiel Absätze behutsam neu getrennt, um den Lesefluss zu erleichtern.

Um die Texte zu rekonstruieren, werden antiquarische Bücher von Lesegeräten gescannt und dann durch eine Software lesbar gemacht. Der so entstandene Text wird von Menschen gegengelesen und korrigiert – hierbei treten auch Fehler auf. Wenn Sie ebenfalls antiquarische Texte einreichen möchten, finden Sie weitere Informationen auf www.groels.de

Viel Freude bei der Lektüre wünscht Ihnen das Team des Gröls-Verlags.


**Adressen**

Verleger: Sophia Gröls, Im Borngrund 26, 61440 Oberursel

Externer Dienstleister für Distribution & Herstellung: BoD, In de Tarpen 42, 22848 Norderstedt

**Unsere „Edition | Werke der Weltliteratur“** hat den Anspruch, eine der größten und vollständigsten Sammlungen klassischer Literatur in deutscher Sprache zu sein. Nach und nach versammeln wir hier nicht nur die „üblichen Verdächtigen“ von Goethe bis Schiller, sondern auch Kleinode der vergangenen Jahrhunderte, die – zu Unrecht – drohen, in Vergessenheit zu geraten. Wir kultivieren und kuratieren damit einen der wertvollsten Bereiche der abendländischen Kultur. Kleine Auswahl:

**Francis Bacon** • Neues Organon • **Balzac** • Glanz und Elend der Kurtisanen • **Joachim H. Campe** • Robinson der Jüngere • **Dante Alighieri** • Die Göttliche Komödie • **Daniel Defoe** • Robinson Crusoe • **Charles Dickens** • Oliver Twist • **Denis Diderot** • Jacques der Fatalist • **Fjodor Dostojewski** • Schuld und Sühne • **Arthur Conan Doyle** • Der Hund von Baskerville • **Marie von Ebner-Eschenbach** • Das Gemeindekind • **Elisabeth von Österreich** • Das Poetische Tagebuch • **Friedrich Engels** • Die Lage der arbeitenden Klasse • **Ludwig Feuerbach** • Das Wesen des Christentums • **Johann G. Fichte** • Reden an die deutsche Nation • **Fitzgerald** • Zärtlich ist die Nacht • **Flaubert** • Madame Bovary • **Gorch Fock** • Seefahrt ist not! • **Theodor Fontane** • Effi Briest • **Robert Musil** • Über die Dummheit • **Edgar Wallace** • Der Frosch mit der Maske • **Jakob Wassermann** • Der Fall Maurizius • **Oscar Wilde** • Das Bildnis des Dorian Grey • **Émile Zola** • Germinal • **Stefan Zweig** • Schachnovelle • **Hugo von Hofmannsthal** • Der Tor und der Tod • **Anton Tschechow** • Ein Heiratsantrag • **Arthur Schnitzler** • Reigen • **Friedrich Schiller** • Kabale und Liebe • **Nicolo Machiavelli** • Der Fürst • **Gotthold E. Lessing** • Nathan der Weise • **Augustinus** • Die Bekenntnisse des heiligen Augustinus • **Marcus Aurelius** • Selbstbetrachtungen • **Charles Baudelaire** • Die Blumen des Bösen • **Harriett Stowe** • Onkel Toms Hütte • **Walter Benjamin** • Deutsche Menschen • **Hugo Bettauer** • Die Stadt ohne Juden • **Lewis Caroll** • *und viele mehr….*

# Ovids

# Elegien der Liebe

**Deutsch**

**von**

**Hermann Oelschläger**

## Inhalt

# Erstes Buch

## 1. Die Weihe

Waffen und Schlachtengedröhn zu singen in wuchtiger Versart,
War mein Beginnen: dem Stoff sollte entsprechen die Form.
Gleich lang waren die Verse; da lachte Cupido und heimlich
Stahl er dem unteren Vers einen der Füße hinweg.
„Wer gab, herrischer Fant, dir ein Recht auf Gedichte? Den Musen
Dienen wir Sänger, doch nicht solchem Gelichter wie du.
Wie, wenn der blonden Minerva nun Venus die Waffen entrisse
Und nun Minerva die Glut schwänge der Fackeln umher?
Wie, wenn nun Ceres ihr Reich aufschlüg' in den Gründen der Wälder
Und nach Dianas Gesetz würden die Fluren bestellt?
Wie, wenn der lockige Phöbus den Wurfspieß schleuderte? Wer denn
Lehrt' ihn zu treffen, indeß Mars an der Leier sich müht?
Wahrlich, Knabe, zu groß ist dein Reich schon längst und zu mächtig –
Was, Ehrgeiziger, strebst du noch nach neuem Gebiet?
Ist, wenn dir Alles gehört, auch der Helikon dein und sein

Lusthain?

Ist auch die Leyer Apolls nicht mehr gesichert vor dir?
Kraftvoll hob den Gesang mir der schlachtendröhnende Vers an
Und schon dem folgenden hast, Amor, den Flug du geschwächt.
Fehlt für ein leichteres Lied doch auch der gefällige Stoff mir,
Knab' oder Mädchen, mit langwallenden Locken geschmückt."
Also klagt' ich; da griff schon der Gott nach dem klirrenden Köcher,
Wählte sofort den Pfeil, mir zum Verderben bestimmt,
Spannte mit Macht am Knie den tönenden Bogen: „Hier hast du,"
Rief er, „o Dichter, den Stoff, den du besingen nun sollst."
Wehe mir! Sichere Pfeile besaß der Knabe: ich brenne
Und in der friedlichen Brust tobt schon der Liebe Gewalt.
Sei's, sechsfüßig denn hebe mein Vers sich, er sinke mit fünfen –
Eiserne Kriege, lebt wohl, sammt dem heroischen Vers!
Kränze das blonde Gelock dir schön mit der Myrte des Meerstrands,
Liebliche Muse, nur dir tönt mein elegisches Lied.

## 2. Amors Triumphzug

Sagt, was mag das nur sein, daß das Lager mir täglich so hart scheint
Und daß die Decke mir stets gleitet vom purpurnen Pfühl?
Schlaflos verbring' ich die Nächte, die endlos langen; es schmerzt mich
Jegliches Glied und im Bett werf' ich mich stöhnend umher.
Wär' ich von Liebe gequält, so müßt' ich das wissen und fühlen –
Oder beschlich sie vielleicht listig und heimlich mein Herz?
Ja, so geschah's: jäh drang in die Brust ihr zartes Geschoß mir,
Und nun beherrscht sie, die rauh Waltende, völlig mein Herz. –
Weich' ich? Oder entfach' ich im Kampf noch höher das Glutmeer?
Nein denn, ich weiche. Man trägt leichter die Last mit Geduld.
Schwingst du die Fackel im Kreis, gleich lodert zum Himmel die Flamme,
Die hinsinkend erstirbt, senkst du ermattend die Hand.
Nur mehr Schläge erntet das Rind, das gegen das Joch noch
Ankämpft, welches der Stier längst schon gelassen erträgt.
Blutig reißt nur das störrische Pferd das Maul sich am Brechzaum,
Während das edlere folgt, leicht nur vom Zügel berührt.

Wilder und härter bedrängt den Widerstrebenden Amor,
Als den Klugen, der gern sich ihm zum Sklaven bekennt.
Nun, so bekenn' ich's: ich bin deine neueste Beute, Cupido,
Huldigend heb' ich zu dir, König und Herrscher, die Hand.
Nimmer bedarf es des Kampfs; um Gnade nur fleh' ich, um Frieden;
Starker, wo bliebe dein Ruhm, wenn du mich Schwachen besiegst?
Kränze mit Myrten dein Haar und die schimmernden Tauben der Mutter
Schirr' an den Wagen; schon rollt dort ihn Vulkan dir herbei.
Stolz im Wagen dann stehst du; „Triumph!" ruft jauchzend das Volk dir,
Lächelnd hörst du's und lenkst anmuthbewegt dein Gespann.
Lang nachfolgen im Zug dir gefangene Knaben und Mädchen –
Ha, welch ein glänzender Zug! Welch ein erhab'ner Triumph!
Ich selbst, brennt auch die Wunde mich noch, mit ergebenem Sinn doch
Trag' ich die Ketten, in die du mich, Gewaltiger, schlugst.
Auch die Scham und Vernunft, auf den Rücken gebunden die

Hände,

Führt man daher und was sonst dir noch zu dienen verschmäht.

Alles beugt sich nur dir, nach dir streckt Alles die Hände

Und dich umbrauset des Volks Jubel: „Triumph dir, Triumph!“

Mit dir schreiten im Zug Schmeichelei, Verblendung und Tollheit

Wack're Gesellen, die stets treu deinen Fahnen gedient.

Deine Soldaten! Mit ihnen besiegst du die Menschen und Götter;

Nimmt man dir diese, so bist arm du, verlassen und bloß.

Beifall lacht vom Olymp dem Triumphirenden Venus

Und mit göttlicher Hand streut sie dir Rosen aufs Haupt.

Du, Juwelen im Haar, in den funkelnden Schwingen Juwelen,

Fährst auf Rädern von Gold, selber ein Gold'ner, daher.

Hier auch, kenn' ich dich recht, wirst du noch Viele entzünden,

Hier selbst im flüchtigen Zug schleudern auf Viele den Pfeil.

Denn nicht zu feiern vermag, auch wenn du es wolltest, dein Bogen:

Brennt erst die Flamme, versengt rings schon die glühende Luft.

So, mit den Tigern voran, durchzog einst Bacchus des Ganges

Länder im Siege – doch dir fliegen die Tauben vorauf.

Darum – darf ich ja doch dir nun folgen im stolzen Triumphzug –

Gnade! Nicht wende den Sinn, Sieger, vernichtend mir zu.
Leuchtendes Vorbild sei dir August, dein erhab'ner Verwandter,
Der mit dem siegenden Arm auch die Besiegten beschützt.

## 3. Bitte um Gegenliebe

Billiges bitt' ich: mich soll, die jüngst mich erobert, auch lieben
Oder sie sorge, daß ich stets sie zu lieben vermag.
Nein, ich begehre zu viel. Sie dulde nur, daß ich sie liebe –
Längst schon so inniges Flehn hätte Cythere erhört.
Nimm mich doch auf nun! Ich will durch lange Jahre dir dienen!
Nimm mich doch auf nun! Ich will treu dich stets lieben und rein!
Wenn mich auch freilich der Name nicht schmückt ruhmleuchtender Ahnen,
Und wenn auch meines Geschlechts Stifter ein Ritter nur war,
Wenn mir der Acker auch nicht von unzähligen Stieren bestellt wird
Und von den Eltern nur karg kommt mir des Lebens Bedarf –
Ach, so sprechen doch Phöbus für mich und die Musen und Bacchus,
Amor, der liebliche Gott, der mich zu eigen dir gab,

Treue, die niemals wankt, unsträfliche Sitten und endlich
Schlichtheit, so ehrlich, so bloß, und die erröthende Scham.
Nicht nach Tausenden schau' ich; kein Spielzeug ist mir die Liebe;
Dich nur lieb' ich, nur du wirst meine Sorge stets sein.
Mit dir möcht' ich die Jahre, die mir noch der Faden der
Schwestern
Spinnt, gern leben, und gern sterben, wenn du mich beweinst.
Du sei der liebliche Stoff meiner Lieder! Es werden die Lieder,
Denen das Leben du gibst, deiner auch würdig nur sein.
Ewig leben im Lied die bremsengepeinigte Io,
Leda, die Holde, getäuscht einst von dem blendenden Schwan,
Ewig lebt auch im Lied die, die an des Stieres
Hörner sich klammernd, des Meers wogende Wellen
durchschwamm.
So auch wird man von uns auf der ganzen Erde einst singen
Und dein Name vereint stets mit dem meinigen sein.

### 4. Das Gastmahl

Heut zu demselben Gelag wird mit uns kommen dein Gatte –
Wahrlich – ich bebe vor Grimm – mög' es sein letztes doch sein!
Denn, wie kann ich denn dich, die Geliebte, als Gast und von fern

nur
Sehn und ein Anderer soll deiner Berührung sich freu'n?
Einem Anderen sollst an die Brust du zärtlich dich schmiegen?
Und er, wenn er nur will, schlingt um den Hals dir den Arm?
Staune du ferner nicht mehr, daß Hippodames' strahlende Schönheit
Einst die Centauren vom Wein trieb in den blutigsten Kampf.
Haus' ich doch weder im Wald, noch ist mir der Leib mit des Rosses
Gliedern verwachsen und doch zuckt mir im Zorn schon die Hand.
Was du nun thun sollst, höre von mir; doch bitt ich dich dringend:
Laß leichtfertig vom Wind nicht das Gesagte verwehn.
Zeitiger komm als dein Mann; zwar weiß ich nicht, was mir dein frühes
Kommen mag nützen – indeß komm du nur immer zuerst.
Liegt auf den Pfühl er gestreckt, so nah' dich bescheiden und sittsam,
Lege dich zu ihm, doch mir rühre du heimlich den Fuß.
Acht' auf mich, auf Zeichen und Blick, auf die sprechenden

Mienen,

Und den verstohlenen Wink gib mir verstohlen zurück.

Muß ich auch schweigen, so will mit den Brauen so lauter ich sprechen

Und was das Herz mir erfüllt, schreib' ich mit Wein auf den Tisch.

Du dann, denkst du der Zeit, die in Liebe uns selig schon hinfloß,

Lege die zierliche Hand leicht an das rosige Kinn.

Zürnst du mir heimlich – ich weiß nicht, warum – und versah ich's in etwas,

Schüttle die Locken zurück über das niedliche Ohr.

Hat dir aber, mein Stern, was ich that, was ich sagte, gefallen,

Dann um den Finger behend drehe das Ringlein von Gold.

Fasse den Tisch mit der Hand, nach der Art wie ihn Betende fassen,

Flehst du mit Recht auf den Mann Böses vom Himmel herab.

Beut er den Becher mit Wein dir gemischt, heiß' selber ihn trinken,

Fordre vom Diener dir leis, was du zu kosten begehrst.

Ich dann greife zuerst nach dem Becher, den du ihm zurückgabst,

Und an der Stelle, wo du trankest, da trink' ich dir nach.
Reicht er dir Speisen vielleicht, die er selbst erst eben gekostet,
Weise die Speisen zurück, die er nun doch schon berührt.
Duld' es nicht, daß er den Arm um den Nacken zärtlich dir schlinge –
Schmieg' ihm dein liebliches Haupt nicht an die bäu'rische Brust.
Laß nicht des Frechen Hand auf dem reizenden Busen dir ruhen
Und vor Allem: sei nie, niemals ihm willig zum Kuß!
Wagst du's, so geb' ich sofort als deinen Geliebten mich selbst an,
Reiße zurück dich und „Halt," ruf' ich, „die Küsse sind mein."
Bitt' ihn, daß fleißig er trinkt (nicht bedarf es deshalb, ihn zu küssen!)
Trinkt er, so gieß' ihm geheim lauteren Wein noch dazu.
Liegt er dann trunken von Wein und Schlaf, dann, Theuerste, gibt sich,
Wie es die Zeit und der Ort bieten, das Nächste von selbst.
Stehst du dann auf, um nach Hause zu gehn, so gehen wir Alle,
Doch du halte dich klug stets in der Mitte des Schwarms.
Dort im Gedränge findest mich du, dort finde auch ich dich –

O, wie zum süßesten Spiel Hand sich in Hand dann verschlingt!
Weh mir Armen! Das nützt ja Alles nur wenige Stunden,
Von der Gebieterin trennt mich die gebietende Nacht.
Und nun verschließt sie der Mann. Betrübt, mit quellenden Thränen
Folg' ich, soweit ich nur kann, bis an die grausame Thür.
Jetzt wird er Küsse sich nehmen und mehr als Küsse! Und was du
Mir nur verstohlen gewährst, gibst du gezwungen, als Pflicht.
Doch dann erweise dich spröd, daß den Zwang er merke; das kannst du;
Schmeichelndes Kosen sei fern, Venus sei frostig und karg.
Freudlos bleib' ihm die Nacht! Das wünsch' ich von Herzen und dir auch,
Wenn du ihm Freuden gewährst, bleibe die Freude versagt!
Doch jetzt, bringe die Nacht uns Böses, sie bringe uns Gutes –
Standhaft leugne du mir morgen, was immer geschehn.

### 5. Der Besuch

Mittag war es, die Glut des Sommers lag auf den Feldern,
Müd und von Sehnsucht krank streckt' ich aufs Lager mich hin.
Halb nur schlug ich das Fenster zurück, halb hielt ich's

geschlossen:

Wie durch den dämm'rigen Wald fällt nur gebrochen das Licht;
Wie beim Scheiden des Tags hindunkelnd noch zittert das Zwielicht,
Oder die Nacht schon versank, ehe der Tag noch erstand.
Gönnen muß man solch Dunkel den sittsamen Mädchen; dann hofft ja
Auf ein Versteck noch die Scham, das sie zu bergen vermag.
Siehe, Corinna! Nur leicht umhüllt vom entgürteten Kleide
Kam sie, des Nackens Schnee deckte gelöst ihr das Haar.
Also betrat Semiramis einst, die vergötterte – also
Lais, von Vielen umfreit, bräutlich der Liebe Gemach.
Hastig riß ich am Kleid; es war dünn und es schützte sie wenig;
Aber sie mühte sich doch, daß sie sich decke damit.
Und so kämpfend – doch ganz, als ob sie zu siegen nicht wünsche,
Ward mühlos sie besiegt nur durch den eignen Verrath.
Aber wie sie nun stand, das Gewand, das verhaßte, am Boden,
Welch ein vollendetes Weib bot sich dem trunkenen Blick.
Welche Schultern erblickt' ich, berührt' ich, wie herrliche Arme!
Welch eine liebliche Brust hielt ich in bebender Hand!

Schlank anschloß sich der züchtige Leib an den schwellenden Busen,
Hüften, wie reizend gewölbt! Welch ein gerundetes Knie!
Aber was sag' ich auch noch? Nichts Unpreiswürdiges sah ich
Und die Herrliche, nackt schloß ich sie fest an die Brust.
Wer erräth das Weitere nicht? Matt ruhten wir Beide,
Ruhten – O Mittagszeit, nah' mir so lieblich noch oft!

### 6. Dem Thürhüter

Pförtner, zur Schmach deines Herrn an die Thüre mit Ketten geschlossen,
Schiebe den Riegel und ach, öffne die grausame Thür.
Weniges bitt' ich von dir. Nur so weit öffne die Flügel,
Daß ich, den Leib seitwärts drehend, noch schlüpfe hinein.
Hat doch die Liebe schon längst zu solchen Diensten geschmeidig
Mir den Körper gemacht, leicht und die Glieder gewandt.
Ihr nur verdank' ich die Kunst, durch die Reihen der lauschenden Wächter
Sicher zu schleichen, und sie leitet den tastenden Fuß.
Früher wohl scheut' ich der Nacht Trugbilder und nichtige Schrecken,

Staunend sah ich's, wenn sich Einer ins Dunkle gewagt.
Siehe, da lachte mir zu mit der reizenden Mutter Cupido,
Leise sprach er: „Auch du wirst mit der Zeit noch ein Held.“
Bald auch liebt' ich, ja bald. Doch der Nacht hinflatternde Schatten
Fürcht' ich nicht mehr und den Stahl, gegen die Brust mir gezückt.
Dich nur fürcht' ich, du zögerst zu lang; nur dir zu Gefallen
Red' ich; du hast ja den Blitz, der mich zu tödten vermag.
Blicke doch her und damit du es kannst, so öffne die Thüre:
Sieh, wie die Schwelle bereits heiß ich mit Thränen bethaut.
Hab' ich – du standest schon nackt und harrtest mit Zittern der Schläge –
Einst bei der Herrin für dich warm nicht und dringend gefleht?
Damals war dir mein Dienst viel werth und heute, da ich dir
Bittend komme (o Schmach!) soll er mir gelten für nichts?
Also vergilt mir den Dienst! Jetzt kannst du's! Vergilt und sei dankbar!
Ach, es enteilet die Nacht! Stoße den Riegel vom Thor!
Oeffne! Dann möge auch dir einst die Kette vom Fuße sich lösen
Und aus der sklavischen Zucht fröhlich ein Tag dich befrein!

Aber du hörst nicht! Ich flehe vergeblich, du bist wie von Eisen –
Trotzig aus Eisen gefügt starrt mir entgegen das Thor.
Freilich, belagerten Städten geziemt's, sich die Thore mit Bollwerk
Fest zu umschützen; doch du, scheust du im Frieden den Krieg?
Was erst thust du dem Feind, da du so schon der Liebe begegnest?
Ach, es enteilet die Nacht! Stoße den Riegel vom Thor!
Nicht ja erschein' ich in Kriegergeleit' und in klirrenden Waffen –
Ich nur bin es, allein, ich und die Liebe allein.
Sie, ja, quält und verfolgt mich. Und ich, ich kann sie nicht lassen –
Eher könnt' ich mich selbst trennen vom eigenen Leib.
Amor hab' ich bei mir und des Weins ein wenig im Kopfe
Und, vom durchfeuchteten Haar niedergesunken, den Kranz.
Wer scheut Waffen der Art? Wer geht nicht ihnen entgegen?
Ach, es enteilet die Nacht! Stoße den Riegel vom Thor!
Wie, oder bist du nur träg? Oder schläfst du, Abscheulicher,
schläfst du?
Und deinem Ohre vorbei klag' ich den Winden mein Leid?
Nein, denn als neulich bereits deinen Schlaf ich zu nützen
gedachte,
Bliebst du zum Aerger mir wach, bis sich die Nacht schon

geneigt.

Oder vielleicht ruht gar dir im Arm eine zärtliche Freundin –
   Um wie viel glücklicher dann bist du, o Wächter, als ich!
Würde das mir zum Loos, gern wollt' ich, ihr Ketten, euch tragen –
   Ach, es enteilet die Nacht! Stoße den Riegel vom Thor!
Täusch' ich mich? Hat nicht die Angel geknarrt? Es klirrte der Riegel:

Hör' ich das Pförtchen nicht gehen?
Hat nicht der Riegel geklirrt?
   Nein, es war des Windes Wehen,
   Der durch diese Pappeln schwirrt.

   Und dumpf dröhnend dem Ohr schien auch das Thor sich zu drehn.
Eitle Täuschung! Der Sturm nur stieß an die wankenden Flügel –
   Weh mir Armen! Der Sturm trug auch mein Hoffen mit fort!
Denkst Orithyias du noch, der entführten, dann, eisiger Nordwind,
   Komm, anstürmend im Flug, schmett're mir nieder das Thor.
Schweigend ruhet die Stadt und beperlt vom krystallenen Reife.
   Ach, es enteilet die Nacht! Stoße den Riegel vom Thor!
Rasch! Sonst schwing' ich die Fackel im Kreis, hoch lodert die

Flamme

Und so mit Feuer und Schwert stürm' ich das trotzige Haus.

Sicherlich rathen die Nacht und der Wein und die Liebe zum Maß nicht –

Jene entbehret der Scham, diese entbehren der Furcht.

Alles jetzt hab' ich versucht. Ich bat, ich drohte – vergeblich.

Sind deine Thüren mir taub, bist du es, Wächter, noch mehr.

Nicht an die Schwelle gehörst du zur Wacht liebreizender Mädchen,

Schicklicher wärst du zur Hut Räubern und Mördern bestellt.

Siehe, schon leuchtet der Stern des Morgens im purpurnen Osten

Und zu den Mühen des Tags ruft schon des Hahnes Geschrei.

Doch dich, Kranz, dich nehm' ich vom Haupte, dem kummerbelad'nen,

Hier auf der Schwelle von Stein ruhe den Rest du der Nacht.

Sieht dich die theuere Herrin am Morgen dann liegen, so sei denn

Du ihr ein Zeuge der Zeit, die ich so elend verbracht.

Hüter, es sei! Leb' wohl! Ich gehe. Du kennst meine Liebe.

Schimpflich verstießest du mich dennoch. Und dennoch – leb' wohl!

Ihr auch, grausame Pfosten, lebt wohl sammt der steinernen Schwelle,
   Thüre, so sklavisch, so feig, wie dort der Sklave – leb' wohl!

### 7. Der geschlagenen Geliebten

Ist hier irgend ein Freund, so leg' er in Fesseln die Hände
   Mir, der die Ketten verdient, bis mir der Wahnsinn verging.
Gegen die Herrin ja hob ich in Tollheit frevelnd die Hände;
   Das ich mit rasender Hand schlug, ach mein Mädchen, es weint.
Weh, so konnt' ich mich auch an den theueren Eltern vergreifen,
   Götterbilder im Grimm stürzen vom hehren Altar.
Hat nicht auch Ajax, der Held mit dem siebenhäutigen Schilde,
   Rasend die Heerden gewürgt rings auf dem weiten Gefild?
Hat nicht Orest, der unselig den Vater gerächt an der Mutter,
   Gegen die Furien selbst Waffen zu fordern gewagt?
Also vermochte auch ich ihr ins Haar, das gelockte, zu greifen,
   Das, so gewaltsam gelöst, doch noch sie schmückend umgab.
So auch war sie noch schön. So jagte, bewehrt mit dem Bogen,
   Auf dem mänalischen Berg einst Atalanta das Wild.
So stand einst Ariadne und weinte, als ihr des Geliebten
   Schwur und Segel das Meer treulos auf immer entführt.

Also lag – nur die Locken umfaßt von der heiligen Binde –
Einst Kassandra, entehrt, Pallas, vor deinem Altar.
Wer nicht hätte mich rasend, wer nicht Barbaren gescholten?
Sie nur schwieg und gelähmt schien ihr die Zunge von Furcht.
Doch laut klagte ihr schweigender Blick, laut klagten die Thränen,
Schwieg auch ihr bebender Mund, mich als den Schuldigen an.
Wären doch kraftlos mir von den Schultern die Arme gesunken!
Hätte für immer ich doch sie zu gebrauchen verlernt!
Wahnsinnbethört nur wandt' ich die Kraft zum eigenen Unheil,
Nur zur Strafe mir selbst hab' ich mich tapfer gezeigt.
Was noch soll ich mit euch, ihr Gehilfen des Mords und Verbrechens?
Tragt denn die Fesseln, die ihr, frevelnde Hände, verdient.
Wagt' ich's, den letzten zu schlagen vom Volk der Quiriten, so litt ich
Strafe. Und hätt' ich an dir, Herrin, ein größeres Recht?
War Diomedes es nicht, der zuerst – o schmähliches Vorbild! –
Wund eine Göttin schlug? Ja, und der Zweite war ich.
Doch sein war die geringere Schuld. Die zu lieben ich vorgab,
Schlug ich; der Andere hat wild nur die Feindin bedrängt.

Geh' nun, gewaltiger Held, beginne den stolzen Triumphzug,
Kränze mit Lorber dein Haupt, opfere dankend dem Zeus.
Jauchzend dann wird um den Wagen das Volk dir rufen: „Ein Mädchen
Hast du besiegt, Heil dir! Heil dir, du tapferer Mann!“
Trauernd geht sie voran, die Haare gelöst, und die Wangen
Bleich ganz, leuchtete nicht blutunterlaufen das Mal.
Besser wohl wär' es, den Mund nur vom Kusse geröthet zu sehen,
Und auf den Hals nur des Zahns Spuren im Scherze gedrückt.
Braust' ich auch sinnlos auf, wie ein überschäumender Waldstrom,
Hatte verblendend der Zorn ganz mich zur Beute gemacht –
War's nicht genügend, sie anzuschreien, das furchtsame Mädchen,
Und ihr mit heftigem Wort – doch nicht zu heftig – zu drohn?
Oder ihr schimpflich das Kleid herab bis zur Mitte zu reißen?
Hier ja hätte sie doch glücklich der Gürtel geschützt.
Nein, ich vollbracht' es. Ich riß ihr das Haar von der Stirn und ich habe
Ihr mit den Nägeln, ich selbst, blutig die Wange gekratzt.
Sinnlos stand sie vor mir, entseelt, wie vom Blitze getroffen,
Bleich das Gesicht und ganz weiß wie der parische Stein.

Starr erst war sie; dann sah ich sie jäh aufschauernd erzittern,
Wie an der Pappel das Laub zittert im Schauer des Winds;
Wie wenn der Westwind streicht durch das schlank aufragende Schilfrohr
Oder der Südwind lau kräuselt den Spiegel der Flut.
Wie vom verrinnenden Schnee das Wasser, so stürzten die Thränen,
Lange verhalten, zuletzt über ihr holdes Gesicht.
Jetzt erst fühlt' ich mich schuldig; sie weinte – aber nicht Thränen,
Nein, mein eigenes Blut war's, das sie weinend vergoß.
Dreimal stürzt' ich zu Füßen der Holden; die furchtbaren Hände
Hob ich flehend, sie stieß dreimal entsetzt sie zurück.
O, so säume du nicht (verringert den Schmerz doch die Rache!)
Grabe die Nägel nun du – zauderst du? – mir ins Gesicht.
Schone die Augen nur nicht, noch schone, Geliebte, des Haupthaars,
Auch der schwächeren Hand gibt die Erbitterung Kraft.
Und daß kein Zeichen mehr sei meiner Unthat, leg' dir, o Mädchen,
Wieder die Locken zurecht, wie du sie eben noch trugst.

## 8. Die Kupplerin

Wer eine Kupplerin jetzt will kennen lernen, dem weiß ich
Solch ein verruchtes Geschöpf, alt und verwittert und grau.
Dipsas ist sie genannt und mit Recht: denn den purpurnen Morgen
Hat die Hexe – ich weiß – nüchtern noch niemals begrüßt.
Magische Künste versteht sie, ääische Zaubergesänge
Und nach der Quelle zurück zwingt sie den rauschenden Strom.
Kräuter sammelt sie klug und weiß, was des wirbelnden Kreisels.
Faden und was auch das Gift rossiger Stuten vermag.
Wenn sie es will, steigt schwarz und dräuend am Himmel der Sturm auf,
Will sie, so lächelt die Welt, goldig umflutet vom Tag.
Ja, von Gestirnen sogar sah Blut ich schon träufeln und einstmals
Färbte sich plötzlich von Blut purpurn die Scheibe des Monds.
Dieß auch glaub' ich, daß Nachts sie zum Vogel sich wandelt und, Federn
Ueber den runzlichten Leib, klagend das Dunkel durchschwirrt.
Ich, ich glaub' es, auch glaubt es die Menge. Und blitzt doch im Aug' ihr
Doppelt der Apfel und sprüht doppelte Flammen hervor.

Ahnen und Urahnherrn ruft aus den verfallenen Grüften
Frech sie empor und ihr Wort spaltet den festesten Grund.
Schamlos schändete schon sie die keuschesten Ehegemächer
Und ein beredter Sermon fehlte der Schlange noch nie.
Ihr nun machte mich einst Zufall zum Zeugen. Ich lauschte,
Hinter der Thüre versteckt, wie sie verbrecherisch sprach:
„Weißt du, mein Schatz, daß du gestern im Circus dem reichsten von allen
Unseren Herrchen den Kopf hast gar gewaltig verdreht?
Stets nur sah er auf dich, denn dir gleicht Keine an Schönheit,
Die nur – wie jammert mich das! – ganz noch des Schmuckes entbehrt.
Wärst du so reich doch, als schon du die Reizendste bist! O wie gern dir
Gönnt' ich's und wäre dann selbst wahrlich nicht schlimmer daran.
Feindlich stand nur der Stern des Mars bisher dir entgegen –
Mars ist fort und nun herrscht Venus mit holdem Gestirn.
Sieh' nur, was sie dir bringt schon im Aufgehn! Reich und verliebt kommt

Einer und was du nur willst, wirft er verschwendend dir zu.
Aber auch seine Gestalt ist schön wie die deine und dächte
Er nicht schon selber auf dich, müßtest du denken auf ihn."
Hier erröthete sie. „Wie ziert doch ein feines Gesichtchen
Solche Röthe – doch ach, nur die erheuchelte nützt.
Blickst du verschämt in den Schoß mit niedergeschlagenen Augen,
Siehst du doch gleich, wie viel heut dir der Liebste gebracht.
Freilich hätte zur Zeit des Tatius nimmer ein biedres
Weib aus Sabinum zugleich mehrere Männer geküßt.
Doch heut klirren nur noch in entlegenen Ländern des Kriegsgotts
Waffen, im glücklichen Rom herrscht Cytherea allein.
Auf denn, ihr Lieblichen! Keusch ist nur, die Niemand versucht hat:
Ist sie verständig, so kommt sie dem Versucher zuvor.
Zieh' nur die Stirne nicht kraus, die schimmernde: glaub' es, zu gern nur
Rechnet man Falten der Stirn gleich zum Verbrechen uns an.
Sieh doch Penelope, die an dem Bogen die Kraft nur der jungen
Männer geprüft, und wie sehr paßte der Bogen dazu!
Leise gleitet dahin und versteckt die flüchtige Jugend,

Wie von den Höhen zum Thal flüchtig die Welle sich drängt.
Nur im Gebrauche funkelt das Erz; in der Truhe vermodert
Endlich das Kleid, und das Haus, welches verwaist ist, zerfällt.
So auch geht dir die Schönheit dahin, wenn du länger noch spröd bist –
Aber mit Einem und Zwei'n ist es dabei nicht gethan.
Sicherer bleibt's und minder verhaßt, recht Viele zu plündern:
Vollere Beute gewinnt stets aus der Heerde der Wolf.
Was denn schenkt dir dein Dichter, als trefflich klingende Verse?
Aber vom Liebsten, mein Kind, forder' ich anderen Klang.
Strahlt nicht selber der Gott der Dichter in goldenem Mantel?
Und, die melodisch er schlägt, ist nicht die Leier von Gold?
Wer dir gibt, sei größer für dich, als der große Homerus,
Wahrlich, im Geben liegt, glaube mir, großer Verstand.
Auch nicht verachte mir den, der als Sklave mit Gold sich die Freiheit
Kaufte – kein Mensch denkt mehr an den bekreideten Fuß.
Laß durch die Halle auch nicht voll Ahnenbilder dich täuschen –
Packe die Ahnen nur ein, armer Verliebter, und geh!
Sei auch bescheiden im Preis, so lang du die Netze noch

ausspannst,

Daß sie nicht fliehen; doch dann nimm um so dreister sie her.

Stell' dich nur immer verliebt; das schadet nicht! Mög' er es glauben,

Daß du für ihn nur schwärmst – doch dann bezahl' er auch baar.

Weigere oft ihm die Nacht; gib vor, du leidest an Kopfschmerz,

Und für ein anderes Mal biete dir Isis den Grund.

Dann nimm wieder ihn auf, daß er nicht sich zu warten gewöhne,

Daß nicht, zu häufig verschmäht, endlich die Lieb' ihm erschlafft.

Taub für den Bittenden sei dir die Thür, für den Schenkenden offen,

Und des Verstoßenen Flehn höre der Glückliche drin.

Thu' ihm auch manchmal weh und dann schmoll', als habe ja er dich

Erst beleidigt – so hebt leicht sich die Schuld durch die Schuld.

Doch nie treibe den Groll du zu weit; denn dauerndes Schmollen

Hat schon – o glaube – wie oft bittere Feindschaft gebracht.

Weinen auch müssen die Aeuglein dir lernen, geschickt, auf Kommando,

Daß dir aus mancherlei Grund, willst du's, die Wange sich netzt.
Gilt es, den Liebsten zu täuschen, schwör' falsch! Was liegt an dem Meineid?
Venus war immer ja noch für die Betrogenen taub.
Richte geschickt den Sklaven dir ab und die pfiffige Sklavin,
Daß er von ihnen stets hört, was dir zu schenken noch frommt.
Weniges mögen auch sie dann für sich noch erbitten; wird ihnen
Wenig von Vielen zu Theil, ernten zuletzt sie genug.
Hast du noch Mutter und Schwester und Amme, so laß sie den Vogel
Rupfen! Wie schnell ist er kahl, regen sich Hände genug.
Gehen die Gründe dir aus, ein Geschenk zu verlangen, so backe
Rasch einen Kuchen, der klar ihm den Geburtstag bezeugt.
Liebt er zu sicher, so ist das nicht gut; schaff' einen Rivalen –
Fehlt erst ein jeglicher Streit, schläft auch die Liebe bald ein.
Ueberall soll er im Haus eines Mannes Spuren entdecken
Und dir von lüsternem Kuß bläuliche Flecken am Hals.
Laß die Geschenke vor Allem du sehn, die der Andere schickte:
Schenkt er auch dann nichts, so frag' kurz nach dem heiligen Weg.

Dort such' Vieles dir aus. Dazwischen erbitte dir Manches
   Nur als geliehen, doch gibst du ihm auch das nicht zurück.
Nütze die Zunge! Verbirg dein Herz! Sei schmeichelnd und unwahr!
   Gleiche dem Honig, der auch tödtliche Gifte oft birgt.
Wenn du die Lehren befolgst, die ein langer Gebrauch mir bewährt hat,
   Wenn das Gesagte dir nicht eitel im Winde verhallt,
Wirst du im Leben noch oft mich segnen und wenn ich gestorben,
   Wirst du beten, daß sanft ruhe mein müdes Gebein. –"
Also war sie noch prächtig im Zug, da verrieth mich mein Schatten,
   Und kaum hielt ich die Hand, hielt ich die Fäuste zurück,
Daß ich ins spärliche Haar ihr nicht fuhr, in die Augen, vom Weine
   Triefend und roth, in das alt häßliche Runzelgesicht.
Mögen die Götter ihr denn ein hilflos Alter bescheeren
   Und sie mit Hunger und Frost strafen und ewigem Durst.

## 9. Der Kriegsdienst der Liebe

### *An Atticus.*

Krieger ist Jeder, der liebt, und es hat auch Cupido sein Lager.
   Atticus, glaube mir nur: Krieger ist Jeder, der liebt.
Jahre, zum Kriege geschickt, gefallen auch Venus; doch Spott nur
   Ernten, vom Alter beschwert, Krieger und liebelndes Volk.
Wie es der Feldherr heischt an dem strammen Burschen, solch Alter
   Wünscht sich die rüstige Dirn' auch an dem Liebsten zu sehn.
Beide durchwachen die Nacht, auf der Erd' auch ruhen sie beide,
   Dieser bewacht seinem Herrn, jener der Herrin die Thür.
Länder um Länder durchzieht der Soldat. Fort schicke das Mädchen –
   Munter marschirt, endlos gleich der Verliebte ihr nach,
Setzt über Berge gethürmt, durchrudert die regengeschwoll'nen
   Flüsse und bohrt sich zuletzt auch noch durch Mauern von Schnee.
Muß er zur See, so wird niemals er die Stürme des Ostwinds
   Feig vorschützen und nie fragt er die Sterne um Rath.
Wer auch, wenn nicht Soldat und wenn nicht Verliebter, erträgt

denn

Ruhig die Fröste der Nacht, Regen und Hagel und Schnee?
Gegen den Feind vor schickt man den Einen als Späher; dem Andern
Ist der Rivale ein Feind, den er im Auge behält.
Feste Plätze belagert der Eine, der Andere spröder
Mädchen Gelaß und im Sturm fällt dann die Thür wie das Thor.
Oftmals war es geboten, im Schlummer den Feind zu beschleichen
Und ihn, von Waffen entblößt, niederzuhaun mit dem Schwert.
Also sanken dahin die Haufen des thracischen Rhesus,
Und seine Rosse, sein Stolz, führte der Sieger davon.
Also auch nützt der Verliebte den Schlummer des Mannes und drängt sich,
Liegt schlaftrunken der Feind, waffengerüstet heran.
Hier durch die Wächter zu schleichen, sich dort durch die Wachen zu drücken,
Ist der Krieger und bleibt armer Verliebten Geschäft.
Schwankend ist Mars und Venus nicht treu. Aufstehen Besiegte
Wieder, und wer niemals glaubte zu fallen, der fällt.
Also schweige fortan, wer die Liebe ein müßiges Treiben

Jemals schalt: es erheischt Liebe Erfahrung und Geist.
Als man Briseïs ihm nahm, stand klagend der große Achilles –
Auf denn, ihr Troer, jetzt gilt's! Brecht die argivische Macht!
Aus der Andromache Arm wand Hektor hinaus in die Schlacht sich
Und Andromache selbst setzt' ihm den Helm auf das Haupt.
Als Agamemnon, der Fürst, Kassandra erblickte, die Haare
Wie in Verzückung gelöst, stand er von Staunen erfaßt.
Mars auch mußte, ertappt, den geschmiedeten Banden sich fügen
Niemals im ganzen Olymp hat man so weidlich gelacht.
Ich selbst aber war träg, wie geboren zu lässiger Muße,
Schlaf und Behagen und Ruh' hatten den Sinn mir erschlafft.
Siehe, da jagte den Faulen empor ein liebliches Mädchen,
Welches in seinem Gefolg Dienste zu nehmen mich hieß.
Seitdem siehst du mich flink und ergötzt von den nächtlichen
Kriegen –
Körper und Herz ja erhält jung sich der Liebende nur.

## 10. Der Brief

Keine versteht gleich dir die Haare zu raffen und Keine
Flicht sie so zierlich. Du zählst nimmer, o Nape, zum Troß
Niedriger Mägde. Gewandt im Dienste der Nacht, der verstohl'nen,
Schlau und immer voll List Zeichen zu geben bereit,
Drangst du wie oft in Corinna, die zaudernde, mich zu besuchen,
Hast du wie oft dich getreu mir, dem Verleg'nen, gezeigt.
Nimm denn und bring' deiner Herrin die Tafeln, die früh ich am Morgen
Liebend schon schrieb – nichts hemmt, wenn du nur willst, deinen Lauf.
Ist doch weder von Stein, noch von Stahl das Herz in der Brust dir,
Nein, und dein redlicher Sinn adelt den niederen Stand.
Glaublich ist mir's: auch du empfandest den Bogen Cupidos –
In mir schützest du so eigener Liebe Panier.
Fragt sie nach mir, dann sag': „Er lebt von der Hoffnung der Nacht nur" –
Alles Andere ist schmeichelnd dem Briefe vertraut.
Doch im Schwatzen entflieht uns die Zeit! Gib am besten die Tafeln

Ihr, wenn müßig sie ruht; aber sie lese sogleich!
Noch Eins! Achte genau, wenn sie liest, auf die Augen, die Stirn ihr:
Leicht aus dem schweigenden Blick läßt sich das Kommende schau'n.
Ist sie zu Ende, dann laß sie zurück recht Vieles mir schreiben,
Ohne Verzug! In den Tod hass' ich halb leer noch das Blatt.
Eng zusammen drum soll sie die Zeilen mir drängen; gern will ich
Mühsam entziffern ein Wort, steht es am äußersten Rand.
Aber was soll ihr die Hand erst der Griffel ermüden? Ein Wort nur
Will ich ja lesen im Brief, ach nur ein einziges: „Komm!"
Lorber umkränze die Täflein mir dann, die zum Sieg mir verhalfen,
Und der Venus geweiht häng' ich im Tempel sie auf,
Mit den Worten: „Euch weiht, da ihr treu euch im Dienste bewährt habt,
Naso der Venus; noch jüngst ward ihr nur ärmliches Holz."

### 11. Die Antwort

Weinet und klaget mit mir! Betrübt heimkehrten die Täflein –
Unglückseliger Brief, der nur „nicht kann sie heut" sagt.
Etwas bedeuten Vorzeichen ja doch. Just als Nape hinaus ging,

Wich, an die Schwelle den Fuß stoßend, erschreckt sie zurück.
Schickt man dich wieder hinaus, dann schreite doch über die Schwelle
Klüger und hebe den Fuß hoch, wie die Nüchternen thun.
Fort mit euch, widrige Briefe, fort, unheilbringende Hölzer,
Fort, unseliges Wachs, das nur „ich kann nicht“ enthält.
Dich hat gewiß eine corsische Biene von ragender Schirlings-
Blüthe gesammelt und dann giftig zum Honig gesellt.
Strahltest menniggefärbt nicht ganz von festlichem Roth du?
Nein, denn wahrlich du warst roth wie von scheußlichem Blut.
Fort, auf die Gasse mit euch! Da liegt, nichtsnutzige Hölzer,
Bis euch ein Karren zuletzt wuchtigen Rades zerbricht.
Möcht' ich doch schwören darauf, daß auch der nicht der aus dem Baume
Einst euch schnitt zum Gebrauch, rein sich die Hände bewahrt.
Elenden Hälsen diente der Baum, daran sich zu hängen,
Henkern dient' er zum Pfahl, dran man den Sklaven gespießt.
Schimpflichen Schatten gewährte sein Dach den schreienden Eulen,
Geiern und Uhus zum Horst bot er sein Jammergezweig.

Diesen also vertraut' ich, wahnwitziger Thor, meine Liebe?
  Diesen mein süßes Gekirr, daß es die Herrin vernähm'?
Für so erbärmliche Tafeln sind faselnde Bürgschaftsberichte
  Passender und ein Notar, der sie dann schnarrend verliest.
Passender wäre ihr Platz bei Rechnungen, Listen und Büchern,
  Drinnen der Geizhals das Geld, das ihm darauf ging, beweint.
Wart ihr nicht zwei an der Zahl? Zweideutig habt ihr gedient mir:
  Wenig Freundliches hat euere Zahl prophezeit.
Was denn im Zorn noch wünsch' ich euch an? Es zernage das Alter
  Euch, ihr Hölzer, und grau faule verschimmelnd das Wachs.

### 12. An Aurora

„Ueber den Ocean steigt schon die Goldgelockte vom greisen
  Gatten; bereift das Gespann führt sie den Morgen herauf.
Wohin eilst du, Aurora? O bleibe! Dann werde auch Memnons
  Schatten, des theueren Sohns, blutig durch Opfer versöhnt.
Ruht sich's gar köstlich doch jetzt im zärtlichen Arm der
Geliebten,
  Nie noch schmiegte so süß sie mir im Schlafe sich an.
Jetzt auch – wie träumt es sich schön! Still rollt nun das Blut durch
die Adern,

Und zartstimmig erklingt draußen der Vögel Gesang.
Wohin eilst du, den Männern verhaßt, verdrießlich den Frauen?
Hemme die Zügel, die thaufeuchten, mit purpurner Hand!
Ehe du nahst, blickt sich'rer hinauf zu den Sternen der Schiffsmann
Und nicht vom Zweifel bedrängt irrt er auf offener See.
Kommst du, erhebt sich vom Lager, wie müd' auch noch immer, der Wandrer,
Greift nach der wuchtigen Wehr waffengewöhnt der Soldat.
Du zwingst täglich zuerst mit dem Karst sich zu quälen den Landmann,
Rufest den säumigen Stier unter das drückende Joch.
Du nur betrügst um den Schlaf die Knaben und gibst sie den Lehrern,
Daß bald das Händchen sie schmerzt, ach von dem grausamen Stock.
Du nur sendest so früh schon den Mann in die Halle des Anwalts,
Daß er mit pfiffigem Kniff vor dem Bankrott ihn bewahrt.
Nimmer willkommen erscheinst du dem Richter und nimmer dem Kläger,

Denn du entreißest dem Schlaf beide zu neuem Gezänk.
Selbst nicht die Frauen verschonst du! Noch schmerzen von gestern die Hände,
Dennoch zum Webstuhl schleppst heut du schon wieder sie hin.
All dieß ertrüg' ich. Doch daß du so früh aufzwingest die Mädchen,
Wer denn ertrüg' es, als der, welcher kein Mädchen besitzt?
Oft schon wünscht' ich, es möge die Nacht dir nicht weichen, es mögen
Nimmer die Sterne, gescheucht, fliehen dein Purpurgesicht.
Oft schon wünscht' ich, es möge der Sturm dir den Wagen zertrümmern
Oder im dichten Gewölk strauchelnd dir stürzen das Roß
Wohin, Neidische, eilst du? Wohl darum ward dir ein schwarzer
Sohn zum Theile, weil schwarz ruht in der Brust dir das Herz.
Gleich, als hättest du selbst nicht geschwärmt einst für Kephalus! Oder
Glaubst du, es sei nicht dein arg lockeres Treiben bekannt?
Dürfte von dir doch dein Gatte Tithonus erzählen! Ich möcht' es.
Niemals im ganzen Olymp hätte man Schlimm'res gehört.

Darum nur, weil du ihn fliehst, den Altergedrückten, den Schwachen,
Eilst du so frühe vom Greis zu dem verhaßten Gespann.
Hieltest du aber im Arme den Kephalus, wie du wohl wünschtest,
Rufen dann würdest du: „Halt! langsam, ihr Rosse der Nacht!“
Doch warum büße denn ich's, wenn dein Mann hinwelket vor Alter?
Hast du, berathen von mir, dich mit dem Greise vermählt?
Denke, welch ewigen Schlaf einst dem Jüngling, dem zärtlich geliebten,
Luna verlieh! Und sie steht nimmer an Schönheit dir nach.
Ja, selbst der Vater der Götter (nur, daß er so oft dich nicht sehe!)
Hat zwei Nächte vereint, voll zu genießen der Lust.“
Also schalt ich. Man hätte geglaubt, sie hab' es vernommen;
Denn sie ward roth. Doch es kam später als sonst nicht der Tag.

## 13. Tröstung der Freundin

Oftmals sagt' ich's: Hör' auf, an deinen Haaren zu doctorn –
Und schon blieb dir kein Haar, das du zu färben vermagst.
Wenn du nur folgtest, was war so herrlich zu schauen wie jene,
Deren wallende Flut dich wie ein Schleier umfloß?

Was war zarter? Du scheutest sogar sie mit Putz zu umstecken;
   Grob daneben erschien wahrlich der Seide Gespinnst
Grob der Faden sogar, den schmächtigen Fußes die Spinne
   Zieht, die ihr lustiges Werk knüpft ans verlass'ne Gebälk.
Nicht von nächtigem Schwarz und nicht von leuchtendem Golde
   War ihre Farbe; sie war ganz wie aus beiden gemischt.
Ganz wie die Farbe der Ceder, umrauscht von den Quellen des Ida,
   Die man am ragenden Stamm hat ihrer Rinde beraubt.
Und wie war es geschmeidig, der hundertfachen Verschlingung
   Gern sich fügend, und hat nie dich mit Schmerzen gequält.
Niemals riß dir die Nadel ein Haar aus der Locke, der Kamm nie –
   Sicher war immer die Magd, welche dich schmückte, vor dir.
Ward sie wie oft doch geschmückt vor meinen Augen; doch niemals
   Stach sie der Sklavin voll Zorn wund mit der Nadel den Arm.
Oft auch sah ich sie früh schon am Morgen; gelöst noch die Haare,
   Lag halb rücklings gelehnt sie auf dem purpurnen Pfühl.
O, wie herrlich war sie auch so! Der Bacchantin vergleichbar,
   Die nachlässig gestreckt ruht in dem duftenden Gras.
Aber so zierlich ihr Haar auch war und dem Flaum nur

vergleichbar,

Dennoch – der Qualen wie viel' hat nicht erduldet dieß Haar!

Duldsam gab es dem Eisen sich hin und geduldig dem Feuer,

Nur daß es modisch gelockt rolle die Schulter herab.

Oft dann rief ich: „Halt ein! Solch' Haar zu brennen ist Sünde!

Ist es doch reizend an sich – Grausame, schone dein Haupt!

Fort mit dem Zwang! Das sind nicht Haare zum Brennen! Die

Nadel

Selbst erst lernt von dem Haar, wie sie am besten sich steckt!"

Und so herrliche Haare verdarben! Es hätte nicht Bacchus

Schönere sich auf das Haupt, sich nicht Apollo gewünscht.

Solches Haar hielt Venus in triefender Hand, als dem Meer einst,

Wie es der Maler noch malt, nackt sie den Wellen entstieg.

Was nun klagst du, daß Haare, so schlecht behandelt, verdarben?

Warum, Thörichte, legst trauernd den Spiegel du weg?

Nicht mit dem früheren Blick darfst du dich betrachten; vergessen

Mußt du dich selbst, wenn du heut, heut noch gefallen dir willst.

Nicht das verzauberte Kraut einer Nebenbuhlerin, nicht das

Oel eines hexischen Weibs hat dich so elend gemacht.

Nicht traf Krankheit dein liebliches Haupt (das verhüte der

Himmel!)

Nicht schrie giftiger Neid, weil du so schön warst, dich an.

Nein, du selbst nur hast dich beraubt; du mischtest mit eig'nen

Händen das tödtliche Gift, das du dem Haupte bestimmt.

Liefern wird dir das Haar nun eine german'sche Gefang'ne,

Und ein bezwungenes Volk leiht dir den fehlenden Schmuck.

Dann wie oft, preist Einer dein Haar, wie wirst du erröthend

Denken: „Jetzt lobt man an mir, was ich mit Geld nur erkauft.

Jetzt rühmt jener statt meiner ich weiß nicht welche Sygambrin,

Und doch denk' ich der Zeit, da ich das Lob noch verdient.

Ach, ich Aermste!“ Mit Noth bezwingst du die Thränen; das Antlitz,

Glühend vor bitterer Scham, deckst du mit bebender Hand.

Auf dem Schoß nun mußt du das Haar sehn, das dir entfallen –

Ach, es zierte allein würdig dein liebliches Haupt.

Aber fasse nur Muth! Der Schaden däucht mir ersetzbar,

Und bald strahlst du wie sonst herrlich im eigenen Haar.

### 14. Des Dichters Nachruhm

Bissiger Neid, was schiltst mein Leben du träg und was nennst du

Meine Gesänge das Werk nur eines müßigen Geists?

Weil ich, so lang' es die Kraft mir des Armes erlaubte, nach Väter
Art nicht in krieg'rischem Dienst staubige Ehren erstrebt?
Weil ich wortreiche Gesetze zu lernen verschmähte? Als Redner
Nimmer um Volksgunst warb? Fern von dem Markte mich hielt?
Was du erstrebst, ist Rauch, *mein* Ziel ein unsterblicher Name,
Der mich, vom Ruhme umkränzt, künde der spätesten Zeit.
Ewig lebt ja Homer, wie Tenedos steht und der Ida
Und sich der Simois wälzt brausend zum ewigen Meer.
Leben auch wird Hesiod, so lange die Traube vom Most schwillt
Und von der Sichel gemäht sinken die Saaten dahin.
Immer und überall wird man Kallimachus preisen, den Sänger,
Der, nicht erfinderisch zwar, glänzend die Kunst doch beherrscht.
Niemals wird der Cothurn des erhabenen Sophokles sinken
Und mit Sonne und Mond dauern, Aratus, dein Ruhm.
Du auch, Menander, wirst leben, so lang' es betrügliche Sklaven,
Kupplergesindel und schlau schmeichelnde Dirnen noch gibt.
Fallen wird nicht mit den Zeiten eine Name, wie einst ihn der schlichte
Ennius trug, wie ihn trug Accius, muthig beredt.

Welches Jahrhundert wohl sollte nicht Varro einst kennen, das Schiff nicht,
Drin sich Jason das Vließ holte vom colchischen Strand?
Dann erst, erhab'ner Lukrez, verwehen auch deine Gesänge,
Wenn einst ein einziger Tag feurig die Erde verschlingt.
Tityrus lesen wird Jeder, die Saat und das Lied von Aeneas,
Roma, so lang du der Welt herrlich als Fürstin gebeutst.
Lernen wird man, Tibull, deine zierlichen Weisen, so lange
Fackel und Bogen die Wehr Amors, des Göttlichen, sind.
Stets von den Völkern im Osten wird Gallus und Gallus im Westen
Und mit Gallus zugleich seine Lykoris genannt.
Mögen denn Felsen zerbröckeln und selbst aus der erzenen Pflugschar
Brechen der Zahn – doch lebt ewig des Dichters Gesang.
Vor ihm sind die Könige nichts und die Königstriumphe,
Nichts dein seliger Strand, Tajo, goldführender Strom.
Laßt das Gemeine dem Volk! Mir reiche der goldne Apollo
Schäumend den Becher, gefüllt aus der kastalischen Flut.
Flechten will ich ins Haar mir die kältescheuende Myrte,
Und wer in Liebe sich quält, lese mich immer aufs Neu.

Nur an den Lebenden nährt sich der Neid; er ruht nach dem Tode,
Wenn der gebührende Ruhm Jeglichen schmückt nach Verdienst.
So auch werd' ich dereinst, wenn die Flamme den Leib mir verzehrt hat,
Leben, mein besserer Theil dauern für ewige Zeit.

## Zweites Buch.

### 1. Der Sänger der Liebe

Ich, aus dem wasserreichen Pelignum, Naso, der eig'nen
Thorheit Verkündiger, ich schrieb auch dieß folgende Buch.
Dieß auch befahl mir Cupido. Doch ihr, ihr spröderen Richter,
Bleibt mir nur fern! Nicht für euch tönet mein süßeres Lied.
Nein, mich lese geschmiegt an die Brust des Verlobten die Jungfrau,
Mich der Knabe, von fremd wonnigem Schauer erfaßt.
Mich auch lese, verliebt wie ich selbst, der Jüngling und staune,
Wenn er der eigenen Glut flammende Zeichen erkennt.
Wer wohl, ruft er bestürzt, verrieth mein Geheimniß? Es ist ja
Ganz nur mein eig'nes Geschick, das hier der Dichter erzählt.

Früher wohl wagt' ich's, vom Krieg der Giganten zu singen, vom hundert-

Armigen Gyges; ich sang mächtig im Heldengedicht,
Wie die Erde sich frech einst empört und, gethürmt auf Olympus,
Ossas riesiges Haupt Pelions Gipfel noch trug.
Doch als ich Wetter und Blitz sammt dem Zeus schon so schön in der Hand hielt,
Daß er den feurigen Strahl schmett're den Riesen aufs Haupt:
Schloß mir mein Mädchen die Thür. Da warf ich die Blitze zur Seite
Und aus dem Sinne sogar wich mir der donnernde Gott.
Jupiter! Herrscher! Verzeih! Doch was halfen mir deine Geschosse
Und was galt mir dein Blitz, blieb mir verschlossen die Thür?
Eigene Waffen denn holt' ich herbei, leichtfüßige Verse,
Zärtliche Lieder – da sprang auch schon die Thüre mir auf.
Lieder ja holen herab des Monds blutleuchtende Sichel,
Rufen des scheidenden Tags schneeige Rosse zurück.
Lieder zerreißen des Schlangengewürms weitklaffende Rachen
Und zu den Quellen zurück rauschet gehorsam die Flut.
Also auch wichen dem Liede die Thür und das Schloß und der

Riegel –

Eichen und Eisen – es wich Alles dem Zauber der Lieds.

Wie? Was nützte mir's auch, zu besingen den Sieger Achilles?

Oder was sollten für mich beide Atriden wohl thun?

Oder Ulyß, der im Krieg und auf Reisen sein Leben vergeudet?

Oder, von Rossen geschleift, Hektor, unselig ein Held?

Aber preis' ich nur oft die Geliebteste, Lieblichste, Schönste,

Kommt zu dem Sänger, der Preis seines Gesanges, sie selbst.

Sie gibt herrlichen Lohn. Drum lebet nur wohl, ihr Heroen,

Leuchtende Namen! Ihr seid nichts mir, als Namen – lebt wohl.

Ihr nur, ihr reizenden Mädchen, sollt lauschen den süßesten Liedern,

Welche der rosige Gott Amor mir selber diktirt.

### 2. Dem Thürhüter Bagous

Du, mit dem Amte betraut, deine Herrin zu hüten, Bagous,

Weniges muß ich dir nur sagen, doch Wichtiges – komm!

Gestern erblickt' ich ein reizendes Weib, lustwandelnd in jenem

Portikus, der uns im Bild zeiget des Danaus Fraun.

Sie nun zu sehen, zu lieben und gleich ihr zu schreiben, war Eines;

Aber mit zitternder Hand schrieb sie: „Ich kann nicht" zurück.

Als ich dann fragte, warum sie nicht könne, gestand sie mir offen,
Durch deine alberne Wacht seist du ihr gründlich zur Last.
Bist du vernünftig, hör' auf, noch weiter verhaßt dich zu machen;
Glaub' mir: dem Peiniger wünscht stets man den Tod an den Hals.
Ja, auch ihr Mann ist nicht klug: denn was müht er sich, ängstlich zu hüten,
Was doch in Schönheit besteht, auch wenn der Hüter ihm fehlt.
Er ist aus Liebe ein Narr! So treib' er's denn, wie er nur Lust hat,
Mög' er denn glauben, es sei keusch, was so Vielen gefällt.
Doch dienstfertig gewähr' du der Herrin verstohlene Freiheit;
Dankend dann gibt sie auch dir einstens die Freiheit zurück.
Sei ihr Vertrauter! Dann ist deine Sklavin, o Sklave, die Herrin –
Scheust du Vertrauter zu sein, stelle dich blind denn, sei taub!
Lieset sie Briefe für sich, so denke: die schrieb ihr die Mutter;
Kommt ein dir Fremder ins Haus, laß als Bekannten ihn gehn.
Will sie die leidende Freundin besuchen (sie denkt nicht ans Kranksein!)
Weißt du nicht anders, als: krank ist ihr die Freundin, ja krank.
Säumt sie zu lange im Haus, nicht laß dich das Warten ermüden,

Stütze dein Haupt auf den Schoß, schnarche so viel du nur magst.

Geht sie zum Tempel der Isis, der linnentragenden, laß sie

Thun dort, was immer, und forsch' auch im Theater nicht nach.

Tausendfach erntet den Lohn der Vertraute der That und was wäre

Leichtere Mühe, als die, treu und verschwiegen zu sein?

Er nur gefällt, er regieret das Haus, nichts weiß er von Schlägen,

Mächtig ist er und vor ihm liegen die Andern im Staub.

Sie, um den wirklichen Grund von dem Allen zu bergen, ersinnt dann

Lustig ein Märchen, auf das richtig der Tölpel auch schwört.

Wie? Oder zieht er mir gar ein Gesicht und runzelt die Stirne?

Ach, vor der reizenden Frau beugt er zuletzt sich ja doch.

Freilich, auch dich manchmal wird schelten die Herrin: „Du quälst sie,"

Ruft sie, „zu Tod noch" und weint über dich, Henker, zum Schein.

Halt' du ihr Dinge dann vor, die sie spielend vermag zu entkräften,

Dann um so weniger ahnt Einer die wirkliche Schuld.

Dann wird die Ehre, dann wird das Vermögen anwachsen dir

haushoch,

Dann wirst – folge mir nur – sicher in Kurzem du frei.

Siehst du, wie Ketten den Hals spionirender Schwätzer umschlingen

Und wie mit schmutziger Haft man die Verräther bestraft?

Tantalus lechzet im Wasser nach Wasser und hascht nach dem Apfel,

Der sich ihm ewig entzieht, weil zu geschwätzig er war.

Weil der junonische Wächter zu eifrig die Io behütet,

Starb er zu früh auch; doch sie ward zu den Göttern erhöht.

Manchen schon sah ich, das Bein zerschunden vom Drucke der Ketten,

Nur weil zu kennen der Frau Schande den Gatten er zwang.

Noch zu gering war die Strafe: der Lästerer schadete beiden,

Ihm, der in Gram sich begrub, ihr, die die Ehre verlor.

Glaube: kein Mann hört gern Anklagen wider die Gattin;

Keinem auch, der sie gehört, haben sie Gutes gebracht.

Fehlt's ihm an Liebe, so predigst auch du ihm vergeblich, er hört nicht;

Liebt er noch immer, so macht elend dein Eifer ihn nur.

Auch wird die Schuld nicht so leicht, wenn schon handgreiflich, erwiesen,
Da durch des Richtenden Gunst leicht die Beklagte sich schützt.
Hat er auch selbst es gesehn, so glaubt er ihr doch, wenn sie leugnet,
Schilt seine Augen und schwätzt selber ein Märchen sich vor.
Weint dann das Weibchen noch gar, so zerfließt er dir selbst mit in Thränen
Und ruft grimmig: „er soll büßen sein wüstes Geschwätz!“
Welch ein thörichter Kampf! Du verlierst und dann sind dir die Schläge
Sicher – die Schuldige sitzt lächelnd dem Richter im Schoß.
Endlich bedenke: nicht Mord, nicht Todschlag sinnen wir, Gift nicht
Wollen wir mischen, nicht blitzt uns in den Händen der Dolch.
Lieben nur wollen wir uns, durch dich nur sicher uns lieben –
Kann denn irgend ein Wunsch zarter, bescheidener sein?

## 3. Liebe überall

Nicht zu vertheidigen wag' ich mein sündenbehaftetes Leben,
Nimmer mit heuchelndem Wort sprech' ich mich, Frevelnden, frei.
Nein, ich bekenn' es zerknischt, daß ich fehlte; – doch wird es mir nützen?
Kaum daß ich reuig gestand, stürz' ich in Frevel mich neu.
Haß nur fühl' ich für sie und dennoch, ich kann sie nicht meiden –
Widrige Last, die so schwer, weil sie verhaßt ist, sich trägt.
Denn mir mangelt die Kraft, zielfest mich zu leiten; mich reißt der
Wirbel dahin, wie ein Schiff schaukelt auf stürmischer Flut.
Tausendfach ist ja der Grund, der neu mich zur Liebe stets antreibt,
Und nicht fesselt mein Herz eine bestimmte Gestalt.
Seh' ich nur Eine, zu Boden geschlagen die züchtigen Augen,
Brenn' ich; die lieblichste Scham selber ist's, die mich verführt.
Kommt muthwillig die Andre, so fängt sie mich, weil sie nicht blöd ist
Und sich auf schwellendem Pfühl munter zu zeigen verspricht.
Scheint sie spröde und rauh, nach Art der sabinischen Weiber,

Denk' ich: sie möchte wohl gern, doch sie verhehlt es aus Stolz.
Ist sie gelehrt, so gefällt mir die selt'ne Begabung, und fehlt ihr
Bildung und Wissen, gewiß zieht ihre Einfalt mich an.
Schilt des Kallimachus Verse sie plump und lobt sie die meinen,
Lieb' ich sie; denn mir gefällt die, der ich selber gefiel.
Schilt eine Andere aber auf mich und mein Dichten, wie gern doch,
Reizende Tadlerin, dir ruht' ich im zärtlichen Arm.
Schwebt sie einher, so entzückt mich ihr Gang; schwer schreitet die Andre:
Schmiegsamer ist sie gewiß in der Umarmung des Manns.
Dieser, die lieblich singt und die Töne beherrschet mit Anmuth,
Möcht' ich mit feurigem Kuß lohnen den holden Gesang.
Klagende Saiten durchläuft mit gelenkigem Finger die Andre –
Wer denn liebte nicht euch, Hände, so klug und so zart?
Jene bewegt nach dem Takt in gefälliger Biegung die Arme
Und mit entzückender Kunst dreht sie den zierlichen Leib.
Doch hier schweig' ich von mir, den Alles entflammt und begeistert –
Bringt mir Hippolytus! Seht, wo seine Tugend dann bleibt!

Lang ist diese, so lang wie die Frauen der alten Heroen,
Gut, sie gefällt mir und füllt trefflich das Lager mir aus.
Jene ist klein und bequem – so verführen denn wirklich mich beide:
Kurz oder lang, doch sie sind beide mir völlig nach Wunsch.
Fehlt ihr der Putz, gleich denk' ich, wie viel sie durch Putz noch gewänne?
Ist sie geputzt, so entzückt gleich mich ihr feiner Geschmack.
Fesseln wird mich die Weiße, die Gelbliche wird mich gewinnen,
Und meine Liebe verleiht auch noch der Bräuneren Reiz.
Möge das Haar tiefschwarz um den schneeigen Nacken sich schlingen,
War nicht mit schwarzem Gelock Leda verführerisch schön?
Leucht' es wie Gold – goldlockig erstrahlte vor Allen Aurora,
Und so jubelt mein Herz jeder der Göttinnen zu.
Stets reißt Jugend mich hin, doch mich rührt auch gesetzteres Alter –
Jene ist lieblich und schön, dieses erfahren und klug.
Kurz, was immer, o Rom, du an reizenden Mädchen nur dein

nennst,

Für sie Alle zugleich lodert in Liebe mein Herz.

### 4. Der Ungetreuen

Fort mit den Pfeilen, Cupido! Das hat keine Liebe verdient noch,

Daß man so oft und so heiß wünschte zu sterben darum.

Dennoch ist Sterben mein Wunsch, wann immer ich deiner gedenke,

Mädchen, geboren mir, ach, nur zu beständigem Leid.

Nicht ein Brief, der zur Hand mir kam, hat dich, Falsche, verrathen,

Nicht ein geheimes Geschenk hat deine Schuld mir bezeugt.

Wär' mein Beweis doch so nichtig! Gern gäb' ich die Klage verloren!

Wehe mir Armen! Warum bin ich so sehr auch im Recht!

Glücklich ist, der die Geliebte auch offen vertheidigen kann und

Dem sie zu sagen nur braucht: „Bester, ich hab's nicht gethan."

Eisern aber ist der und im Grimm nicht seiner mehr mächtig,

Der sich nach blutigem Sieg über die Schuldige sehnt.

Sah ich's mit nüchternem Aug' doch, ich Armer (du glaubtest mich schlafend),

Was ihr beim funkelnden Wein frech und verbrecherisch triebt;
Wie ihr so Vieles euch sagtet, die Brauen bedeutsam bewegend,
Wie ihr die Worte beredt legtet in Zeichen und Wink.
Laut auch sprachen die Augen, es sprach selbst der Tisch, den mit Wein ihr
Fleißig beschriebt
Wein floß über den Tisch und sie mit zierlichem Finger
Zog aus dem hölzernen Blatt Kreise der Feuchtigkeit hin.
Meinen Namen verschlang sie dem ihrigen, immer begierig
Schaut' ich dem Fingerchen nach und sie bemerkte mich wohl.
Endlich zog sie behende das Zeichen der römischen Fünfe
Und ein Strichlein davor. Schnell, und sobald ich's gesehn,
Schlang sie Kreise durch Kreise, die Lettern und Ziffern zu löschen
u. s. w.
, und ich sah Lettern, vom Finger gemalt.
Und so verstand ich gar wohl das Gesagte, so fein es gesagt war,
Und den heimlichen Sinn, der durch die Worte sich zog.
Spät schon war es; vom Tisch war mancher der Gäste gegangen,
Bacchus auch hatte bereits Manchen in Schlummer gesenkt.
Da nun küßtet ihr euch, ihr Frechen; ich sah seine Lippen,

Rückwärts gebogen dein Haupt, fest auf die deinen gepreßt.
Nicht wie Schwestern voll Liebe den Bruder, den ernsteren, küssen,
Nein, wie den buhlenden Mann glühend die Liebste umschlingt;
Nicht wie die keusche Diana den leuchtenden Jüngling Apollo,
Aber wie Venus den Mars sicher recht häufig geküßt.
„Halt," aufschrie ich, „was thust du? Wem opferst du Freuden, die mein sind?
Ich bin der Herr und die Hand leg' ich auf meinen Besitz.
Dieß ist gemeinsames Gut, ist mein so gut wie es dein ist,
Und kein Dritter fürwahr dränge sich frevelnd hier ein."
Also sprach ich und was der Schmerz sonst weiter mir eingab;
Aber der Sünderin trat purpurn die Scham ins Gesicht.
So wie der Himmel erglüht, von Auroras Strahlen getroffen,
Oder die Braut, die scheu ihren Verlobten umarmt.
So wie die Rosen erglühn unter Lilien, oder wie Lunas
Flammendes Zaubergespann steigt in den Aether empor;
Oder wie Elfenbein, das, eh' mit der Zeit es vergelbe,
Eine mäonische Frau sorglich mit Purpur gefärbt.
Ganz so oder doch einer der Farben höchst ähnlich, so stand sie

Und ich hatte noch nie, nie noch sie schöner gesehn.
Erdwärts schlug sie den Blick – wie bezaubernd, voll Reue und Anstand!
Schmerz umfloß sie – wie sehr hat doch der Schmerz sie verschönt!
Lieblich umwallten ihr zartes Gesicht die geringelten Locken –
Locken und Wangen – und doch hob ich nach euch schon die Hand.
Doch als ins Antlitz ich sah der so Holden, da sanken die Arme
Und mit der eigenen Wehr hatte sie gut sich beschützt.
Ich, noch eben ergrimmt, ich kam demüthig und flehte:
„Gib nur, Beste, o gib schlechtere Küsse nicht mir!"
Und sie lachte und gab mir von Herzen die besten; für solche
Gäbe der zornige Zeus selbst seine Blitze dahin.
Doch jetzt quält mich die Angst, es habe auch jener so süße
Küsse empfangen; ich will, will es nicht haben, beim Zeus!
Denn viel besser als selbst ich sie lehrte, waren die Küsse
Und was Neues, so schien's, habe dazu sie gelernt.
Daß sie zu sehr mir gefielen, ist schlimm, auch, daß deine Lippen
Ganz in den meinen und ganz meine in deinen geruht.

Doch nicht beklag' ich die Küsse allein, die so zärtlich du küßtest,
Wenn ich auch klage, daß du also zu küssen gelernt:
Nein, doch Küsse wie die, die lernen im Schoß nur der Nacht sich
Wer denn als Lehrer empfing, sage, so köstlichen Lohn?

### 5. Auf den Tod des Papageis

Todt ist mein Papagei, der Tausendkünstler aus Indien –
Kommt, ihr Vögel, gesammt, gebt ihm das Todtengeleit.
Folgt ihm, zärtliche Segler, und schlagt euch die Brust mit den Flügeln,
Kratzt euch das zarte Gesicht wund mit den spitzigen Klaun.
Rauft statt des Haars voll Trauer die Federn euch aus, die gesträubten,
Und statt der Tuba erhebt schmetternd den Klagegesang.
Warum, o Nachtigal, klagst du noch stets um den Frevel des Tereus?
Längst ja schon hast du die Pflicht schmerzlicher Trauer erfüllt.
Itys ward triftig beweint, doch das ist nun verjährt; um den selt'nen
Vogel klage du nun, den hier der Tod uns entriß.
Klaget ihr Alle, die ihr euch wiegt in dem flüssigen Aether;

Turteltaube, doch du klage zumeist um den Freund.
Denn das Leben verrann euch ganz voll glücklicher Eintracht,
Freundschaft verband euch und ihr bliebt bis ans Ende euch treu.
Was dem Orest einst Pylades war, das war, Papagei, die
Turteltaube auch dir, bis euch die Parze nun schied.
Doch was half dir die Treue, die blendende Schönheit, und was die
Stimme, die wunderbegabt Töne zu bilden verstand?
Was auch half dir's, daß ihr du geschenkt, der Geliebten gefielest?
Krone der Vögel, du liegst arm nun und elend und todt.
Selber der grüne Smaragd erblich vor deinem Gefieder,
Stolz wie mit punischem Roth war dir der Schnabel gefärbt.
Täuschender ahmte noch nie ein Vogel die Stimme wie du nach
Und gab schnarrenden Lauts besser die Worte zurück.
Neid nur raffte dich hin. Nicht lärmende Kriege begannst du –
Schwatzhaft warst du; doch sonst liebtest du Frieden und Ruh'!
Sieh, wie in ewigem Kriege die Wachteln doch leben; vielleicht nur
Macht sie der ewige Streit alt, wie die zänkischen Fraun.
Mit gar Wenigem nahmst du vorlieb; du schwätztest so gerne,
Daß nicht zum Essen einmal Zeit dir vom Schwätzen noch blieb.

Nüsse nur waren dein Mahl und Mohn, dich in Schlummer zu wiegen,
Und ein bescheidener Trunk Wasser genügte dem Durst.
Doch noch lebt der gefräßige Geyer, noch kreist durch die Lüfte
Hoch der Falke, noch ruft krächzend die Dohle dem Sturm.
Auch die Krähe, der Pallas verhaßt, der gerüsteten, lebt noch,
Neun Jahrhunderte kaum bringen ihr endlich den Tod.
Doch, Papagei, du starbst, du beredter, der menschlichen Stimme
Echo, vom Ende der Welt einst zum Geschenk mir gesandt.
Greift nach dem Besten doch stets mit gierigen Händen der Orkus,
Während nur langsam die Zeit sich an dem Schlechten erfüllt.
Protesilaus auch fiel als der Erste, doch lebte Thersites;
Hektor auch fiel, doch noch lang lebten die Brüder ihm fort.
Zähl' ich die frommen Gelübde noch auf, die zitternd für dich die
Liebste gethan? Ach, der Wind führte sie alle ins Meer.
Und so kam uns der siebente Tag, ihm folgte kein achter:
Leer war dein Rocken, schon ließ sinken die Parze die Hand.
Dennoch erstarrte noch nicht dir das Wort im ermattenden Gaumen
Und mit ersterbendem Mund riefst du: „Corinna, leb' wohl!“

Nah' an Elysiums Höhn ragt dunkelblättrig ein Eichwald,
Von nie welkendem Gras grünt das bewässerte Land.
Täuschen die Fabeln uns nicht, so ist hier der Ort für die frommen
Vögel, dem wilden Gezücht ist nicht zu nahen erlaubt.
Hier nun weiden die Schwäne, die unschuldvollen; es weidet
Hier der Phönix, der stets Einzige, jugendlich schön.
Hier zum glänzenden Rad aufschlägt sein Gefieder der Juno
Vogel und schnäbelnd umgirrt Tauber und Taube sich hier.
Hier in den Hain nun tritt auch der Papagei und gar bald schon
Seinem verständigen Wort lauscht die gefiederte Schaar.
Seine Gebeine bedeckt nur ein Hügel, so klein wie er selbst war,
Klein ist der Stein auch und klein ist auch der Spruch, den er
trägt:
„Hier mein Grabmal beweist, wie sehr ich der Herrin gefallen,
Ich, zum Sprechen begabt, wie noch kein Vogel es war."

## 6. Klage über ungegründete Eifersucht

Nur zu Klagen denn soll ich immer von neuem dir dienen?
Bin ich im Recht auch, verdrießt doch mich der ewige Streit.
Schau' ich einmal nach der oberen Reihe des Marmortheaters,
Suchst du gleich Eine dir aus, der dann zu Liebe du schmähst.

Sieht unschuldig ein Mädchen mich an mit ruhigem Auge,
  Heimliche Zeichen sogleich merkst du im schweigenden Blick.
Lob' ich Eine, so fährst du mir Aermsten sogleich in die Haare,
  Tadl' ich Eine, sofort spürst du den Heuchler heraus.
Seh' ich munter darein, so schiltst du mich kalt und gefühllos,
  Seufz' ich, in andere Frauen nennst du zum Tod mich verliebt.
Wär' ich doch wirklich einmal einer Schuld mir bewußt! Denn es trägt sich
  Leichter die Strafe ja doch, die man in Wahrheit verdient.
Doch leichtfertig nur klagst du mich an, glaubst Alles und Jedes
  Und raubst jedes Gewicht also dem eigenen Zorn.
Sieh doch das Unglückskind, dort den Esel! Wie schreitet der Langohr,
  Ewig von Schlägen bestürmt, langsam und träge einher!
Heut' denn ein neues Vergehn! Die so reizend dich schmücket, Kypassis,
  Hat, wie o Herrin du meinst, frech dir das Lager entweiht.
Helft mir, ihr Götter! Wenn je mich die Lust anwandelt zu fehlen,
  Nicht aus so niedrigem Stand wähl' ich die Liebste mir aus.
Welcher Freie denn möchte der Sklavin sich liebend ergeben,

Zärtlich den Nacken umfahn, den auch die Geißel wohl trifft?
Ferner bedenke: ihr Amt ist ja, dich, ist, das Haar dir zu schmücken,
Dir durch ihr selt'nes Geschick ist sie als Dienerin werth.
Sollt' ich nun wirklich die Sklavin, die treu dir ergeb'ne, versuchen?
Käme zum niedlichen Korb nicht auch noch schnöd' der Verrath?
Nein, bei der Venus und bei dem Geschoß des geflügelten Knaben,
Schuldlos bin ich, ich schwör's, nichtig nur klagst du mich an.

### 7. Der Dienerin Kypassis

Meisterin du, das Haar zu ordnen in tausend Gestalten,
Würdig, Göttinnen nur würdig zu schmücken das Haupt,
Nimmer als spröde erkannt von mir in verstohlenen Freuden,
Wohl deiner Herrin genehm, aber genehmer noch mir –
Wer, o Kypassis, verrieth unser süßes Geheimniß? Und wie nur
Kam denn Corinna darauf, daß du mein Lager getheilt?
Bin ich erröthet vielleicht? Entschlüpfte unselig ein Wort mir,
Das ihr als sichrer Beweis unsrer Umarmungen galt?
Hab' ich doch keck ins Gesicht ihr gesagt: wer mit Sklavinnen je

sich

Könne vergehen, der sei ganz seiner Sinne beraubt.
Aber hat nicht für Briseïs, die Sklavin, Achilles geschwärmt einst?
Und Agamemnon, der Fürst, liebte Kassandra, die Magd.
Acht' ich doch größer mich nicht, als Achilles und als Agamemnon,
Und was den Fürsten geziemt, wäre das schimpflich für mich?
Aber sobald sie auf dich die zornigen Augen gebannt hielt,
Sah ich dein holdes Gesicht ganz wie von Flammen erglühn.
Wie viel mehr – du weißt es ja selbst! – wußt' *ich* mich zu fassen!
Venus, die Mächtige, rief schwörend als Zeugen ich an.
Laß, o Göttin, o laß den Meineid, den ich mit reinem
Herzen ja schwur, in des Meers Tiefen vom Sturme verwehn.
Hab' ich genug so gethan? Dann reich' mir, o braune Kypassis,
Reich' in verschwiegener Nacht heut mir den süßesten Lohn.
Wie? Du schüttelst das Haupt? Du fürchtest aufs neue die Herrin?
Ist's nicht genug, wenn du mir, mir zu gefallen nur strebst?
Weigerst du, Thörin, dich denn, so bekenn' ich das früher Gescheh'ne,
Gegen die eigene Schuld tret' ich als Kläger dann auf.

Alles erzähl' ich dann deiner Gebieterin: wo und wie oft schon
Wir, o Kypassis, uns sahn, küßten, wie oft schon und wie!

## 8. An Cupido

O Cupido, der nie mir zu helfen genügend bemüht war,
Der mich verwundet und dann meiner nicht weiter gedenkt,
Warum bedrängst du doch mich, der treu dir als Krieger stets diente?
Schleuderst den tödtlichen Pfeil mir in das eigene Haus?
Warum verwundest mit Fackel und Pfeil du die eigenen Freunde?
Wäre, zu schlagen den Feind, dir nicht ein größerer Ruhm?
Hat nicht Achilles der Held dem Telephus selbst mit dem Speer, mit
Dem er erst tödtlich ihn schlug, heilend dann Hilfe gebracht?
Fliehendes Wild nur verfolgt auch der Jäger; er läßt die gemachte
Beute zurück und enteilt rüstig zum weiteren Fang.
Doch mich, treu dir ergeben, verfolgst du, mich quälst du beständig,
Und vor dem trotzigen Feind senkst du dann zaudernd den Arm.
Kann es dich freun, wenn am nackten Gebein sich der Hacken des

Pfeils dir
   Abstumpft? Elend und nackt hat mich die Liebe gemacht.
Sind doch von Liebe noch frei so viele der Männer und Mädchen –
   Auf denn! Zum reichsten Triumph ruft dich ein herrlicher Preis.
Hätte nicht Roms erzdröhnende Macht umschritten den Erdkreis,
   Wäre noch heute die Stadt ärmlich mit Stroh nur gedeckt.
Müd' von den Schlachten empfängt der verdienstliche Krieger sein Landgut,
   Und von der Rennbahn frei schickt man die Rosse zur Trift;
Auf der geräumigen Werft ruht sicher gelandet das Schiff aus
   Und auch der Fechter empfängt, endlich befreit, das Rapier.
So nun wäre auch mir, der so lang schon im Dienste der Frauen
   Liebend sich mühte, die Zeit da zu Behagen und Ruh'!
Nein! Spräch' selbst mir ein Gott: „Abschwöre der Liebe und lebe!"
   Dankt' ich – die süßeste Qual ist doch auf Erden ein Weib.
Bin ich's auch satt wohl einmal und verlodert die Glut mir im Herzen,
   Gleich wie ein wirbelnder Wind treibt es mich wieder umher.
Wie urplötzlich ein Sturm das Schiff, das nahe dem Hafen
   Landen schon wollte, aufs neu' schleudert ins offene Meer:

So faßt jählings auch mich stets neu der Sturm der Begierden
Und zum bekannten Geschoß greift dann auch wieder der Gott.
Sei's denn! Schieße nur, Knabe! Ich stelle mich nackt dir und wehrlos!
Brauchst du doch, Starker, bei mir immer den Bogen mit Glück.
Wie auf Geheiß, sieh, kommen von selbst schon die Pfeile geflogen,
Minder im Köcher ja sind, mehr noch bei mir sie zu Haus.
O wie beklag' ich den Mann, der die ganzen Nächte hindurch zu
Ruhen vermag und den Schlaf achtet für großen Gewinn.
Thor, was ist denn der Schlaf, als ein Bild des erstarrenden Todes?
Kommt doch uns Allen die Zeit, lang, o wie lang noch zu ruhn!
Mag mich mit täuschendem Wort auch die falsche Geliebte betrügen,
Schon ein unendliches Glück beut mir die Hoffnung allein.
Mag sie heute mir schmeicheln und morgen mich schelten – ich werde
Heut' ihrer Schönheit mich freun, morgen verzichten und gehn.
Mars heißt launisch: er ward es durch dich, Cupido, den Stiefsohn;
Unverlässig wie du stürmt er nun klirrend durchs Feld.

Flüchtig bist du und windiger noch als die eigenen Flügel –
Mit zweideutiger Treu' gibst und versagst du das Glück.
Doch wenn irgend mein Flehn du erhörst sammt der reizenden Mutter,
Bau' mir im Busen dein Reich schön und für ewig dann aus!
Treib' auch die Schaaren herzu der holden, der flüchtigen Mädchen,
Jauchzend dann singen im Reich Dichter und Mädchen dein Lob.

### 9. Der scheidenden Freundin

Hoch auf dem Pelion ward einst die Fichte gefällt, die als erstes
Schiff durch die staunende Flut fand den unseligen Weg,
Die auf verwegener Fahrt durch zusammenschlagende Felsen
Den mit dem goldenen Vließ prangenden Widder entführt.
Hätten das Schiff doch verschlungen des Meers todbringende Wogen,
Daß sich kein Schiffer hinfort wagte hinaus auf die See.
Aber nun flieht vom gemeinsamen Herd und vom traulichen Lager
Meine Corinna und schickt an sich zur trüglichen Fahrt.
Ach, wie beb' ich für dich, wenn aus Ost und aus West nun der

Sturm braust,

Wenn dich nun eisig der Nord, glühend der Süd dich umtobt.

Nichts von Städten und Wäldern erblickt mehr bewundernd dein Auge:

In einförmigem Blau dehnt sich die schwankende Flut.

Spähst du nach zierlichen Muscheln und farbigen Steinchen? Vergeblich

Suchst du da draußen, womit hier du am Strand dich ergötzt.

Drückt doch nur hier in den Sand die Marmorfüßchen, ihr Mädchen:

Hier ist es sicher – dann führt schreckhaft ins Weite der Weg.

Laßt euch von Andern daheim von den Kämpfen der Stürme erzählen,

Wen die Charybdis und wen tödtlich die Scylla bedroht;

Wo von der Brandung umgellt hoch ragen Keraunias' Felsen,

Ueber die syrtische Bank tückisch die Woge sich wälzt.

Mögen das Andere schildern! Doch euch, euch rath' ich, zu glauben,

Was nur ein Jeder erzählt – nimmer dann droht euch ein Sturm.

Sind erst die Taue gelöst, so blickt ihr zu spät nach dem Land hin

Und ins unendliche Meer schießt der gebogene Kiel.
Ewig zittert in Angst vor gefährlichen Winden der Schiffsmann,
Der sich dem Tode so nah' sieht, als den Wogen des Meers.
Wenn dann Triton gar im Sturm aufjagt die brüllenden Wogen,
Ach, wie wird schreckenerfaßt dir das Gesichtchen so bleich.
Dann zum Zwillingsgestirn, den erbarmenden Söhnen der Leda,
Flehst du und rufst: „O beglückt, wer auf dem Lande nun weilt!
Sicherer ist es, zu ruhen im Bett, in Gedichten zu lesen,
Und sich am rauschenden Spiel goldener Saiten zu freun."
Doch wenn auch eitel im Wind meine warnenden Worte verhallen,
Sei doch dem Schiffe, das dich trägt, Galatea geneigt.
Ja, euch geb' ich es schuld, geht solch ein Mädchen zu Grunde,
Ihr, Nereiden, und du, Vater der göttlichen Schaar. –
Geh', bleib' meiner gedenk, kehr' heim mit günstigem Winde
Und es schwelle sein Hauch kräftig das Segel dir an.
Unserem Strand zuneige das Meer der erhabene Nereus,
Hierher blase der Wind, treibe die brandende Flut.
Flehe du selbst, daß Zephyr allein dir fülle die Segel,
Richte das schwellende Tuch selbst mit der Hand nach dem

Wind.

Ich dann werde zuerst dein Schiff erblicken vom Strand aus
Und laut ruf' ich: „dieß Schiff bringt uns die Götter zurück!"
Hoch durch die Fluten dann will ich dich tragen, will stürmisch dich küssen
Und für die Rückkehr sei dankend das Opfer gebracht.
Rasen und Sand dann häufen wir auf zum schwellenden Lager
Und statt des Tisches genügt irgend ein Hügel am Strand.
Rasch dann den Becher gefüllt! Du hast mir gar viel zu erzählen,
Wie schon beinahe dein Schiff mitten im Meere versank;
Wie du, nur rascher zurück mir zu kehren, sogar nicht der Nächte
Feindliches Grauen gescheut, noch auch die Schrecken des Sturms.
Alles dann nehm' ich für wahr und sei es auch immer erdichtet –
Warum sollt' ich nicht gern schmeicheln dem eigenen Wunsch?
Möge mir Lucifer denn, der fernhin leuchtende, mög' er
Bald mir, von Rosen umkränzt, bringen so glücklichen Tag.

### 10. Der Triumph

Schlingt um die Schläfe mir euch, siegkündende Zweige des Lorbers:

Sieger bin ich, besiegt ruht mir Corinna im Arm –
Sie, von dem Mann, von dem Wächter, der eichenen Thüre, von Allen
Feindlich bewacht, daß sie nie falle, von Listen umgarnt.
Wohl ist des höchsten Triumphs der Sieg werth, welcher die Beute,
Wie sie gewaltig auch sei, nirgends mit Blut doch befleckt.
Nicht mit niedrigen Mauern und winzigen Gräben ein Städtchen –
Hier ward erobert ein *Weib*, ich war der Führer im Kampf.
Als einst Troja erlag zehnjährigem Kriege, wie viel denn
Ward dem Atriden zu Theil unter so Vielen an Ruhm?
Doch mein Ruhm ist allein mein eigen, kein anderer Krieger
Theilt ihn; der herrlichen That rühmet kein Anderer sich.
Also kam ich zum Ziel – mein eigner Soldat und mein Feldherr,
Fußvolk, Reiter und trug selbst mir die Fahne voran.
Nicht ein Zufall gab mir im Kampfe das Glück zum Begleiter;
Selber erfocht ich den Sieg, selber den stolzen Triumph.
Auch ist mein Grund zum Kriege nicht neu: blieb Helena züchtig,
Blieb auch von Asien, blieb fern von Europa der Krieg.
Hat die Lapithen des Walds nicht zum Kampf mit den wilden

Centauren

Einst mit berauschendem Wein schmählich getrieben ein Weib?
War es nicht wieder ein Weib, das zum zweiten Male den Trojern
Kriegsnoth brachte und Krieg, edler Latinus, auch dir?
Weibern zu Liebe nur stürzten, das Schwert in der Faust, der Sabiner
Wüthende Schaaren auf Rom, das noch kaum eben erstand.
Ja, selbst Stiere schon sah ich im Kampf um die schneeige Gattin,
Die zuschauend von fern selber noch reizte die Wuth.
Wie gar Viele, so hat denn auch mich Cupido zu seinen
Fahnen geworben, zum Krieg, fröhlich, wie keiner noch war.

### 11. Der Ring

Ring, der du bald schon den Finger des reizendsten Mädchens umschließest,
Dessen alleiniger Werth Liebe des Gebers nur ist,
Geh, mein Geschenk, und sei ihr genehm! Und möge sie freundlich
Dich empfangen und gleich über den Finger dich ziehn.
Sei ihr so passend, als ich und sie selber einander uns passen,

Und fest schließend umgib ihr doch den Finger bequem.
Glücklicher du! Dich wird nun die lieblichste Herrin befühlen,
Und so beneid' ich bereits, Armer, mein eignes Geschenk.
Wär' ich zum Ringe doch plötzlich verwandelt! Besäß' ich doch Proteus'
Zaubergewalt und die Kunst, wie sie einst Circe geübt.
Käm' es ihr just dann bei, in den Bausch des Gewandes zu greifen,
Daß mit der Linken sie leicht rührte die schwellende Brust,
Rasch dann glitt' ich vom Finger, so eng ich auch sonst ihn umschlösse,
Schlüpfte mit seltener Kunst ihr in den Busen hinab.
So auch, daß ich zum Siegeln der heimlichen Briefchen ihr taugte
Und nicht am trockenen Stein hafte das klebrige Wachs,
Würd' ich zuerst ihr die schönen befeuchteten Lippen berühren –
Doch bleibt, Briefe, dann fern, die nur mich kränkend sie schrieb.
Dächte sie Nachts, mich im Kästchen zu bergen, so würd' ich nicht abgehn
Und nur in engerem Kreis drängend den Finger umfahn.
Nie auch, Süßeste, würd' ich zur Schande dir sein und es wäre

Nie mein bescheid'nes Gewicht dir an dem Finger zur Last.
Trage mich, wenn dir die Glieder umrauscht das laulichte Sturzbad,
Duld' es, wenn unter den Stein strömend das Wasser sich drängt.
Aber erblick' ich dich nackt, dann, glaub' ich, schwell' ich vor Wollust
Und wenn gleich nur ein Ring, üb' ich die Rechte des Manns.
Welch ein vergeblicher Wunsch! Zieh hin denn, kleines Geschenk, du!
Sag' ihr, wie innig und treu, der dich ihr sendet, sie liebt.

### 12. Einladung aufs Land

Sulmo hält mich gebannt, das Drittel der Flur von Pelignum,
Klein ist das Land, doch gesund, rings von Gewässern durchrauscht.
Mag herdrängend auf feurigen Bahnen die Sonne den Boden
Spalten und mag auch des Hunds heißerer Stern uns bedrohn:
Hier die pelignische Flur durchsprudeln die klarsten der Quellen,
Ueppig auf heiterer Au grünt uns das duftigste Gras.

Reich ist an Ceres' Gaben das Land, noch reicher an Trauben
Auch die Olive gedeiht schön auf dem lockeren Grund.
Rastlos neigt in die Fluten und hebt aus den Fluten das Gras sich,
Rasenbeschattet am Bach dehnen die Matten sich hin.
Aber mein Feuer ist fern; doch nein – hier fehlt' ich im Ausdruck:
Sie, die das Feuer *erregt*, fehlt, doch das Feuer ist da.
Ruhlos mögen sie liegen, bedrückt von lastender Erde,
Die einst zuerst fernhin leitende Wege gebahnt;
Oder sie mußten dem Jüngling begleitend gesellen ein Mädchen,
Sollt' er denn wirklich am Stab wandernd durchmessen die Welt.
Stieg' ich, von Stürmen umbraust, dann über die schrecklichen Alpen,
Fänd' ich doch lieblich den Weg, wärst du, Geliebte, bei mir.
Mit dir wagt' ich die Fahrt tollkühn durch die syrtische Brandung,
Mit dir würd' ich mein Schiff selber den Stürmen vertraun,
Würde die Hunde nicht scheun, die den Schoß umbellen der Jungfrau,
Noch die Malea, von wild gährenden Wirbeln umkreist;
Auch die Charybdis nicht, die voll von gescheiterten Schiffen

Tief aus dem Schlunde die Flut speit und von neuem verschlingt.
Weicht dann Neptun selbst zurück vor den übergewaltigen Winden,
Reißt dann die Woge die Schaar helfender Götter uns fort –
O, dann schlinge mir dreist um den Nacken die schneeigen Arme,
Laß mich dich tragen! Wie gern trag' ich die liebliche Last!
Ohne dich aber – wenn gleich mir mit rankenden Reben die Gärten
Ringsum prangen, die Flur rauschende Bäche durchziehn,
Sacht in Gräben den rieselnden Quell hinleitet der Landmann
Und ein kühlerer Wind fächelnd die Blätter durchläuft –
Glaub' ich doch nimmer zu athmen die heilsame Luft der Peligner,
Nicht in der Heimat zu sein auf dem ererbten Besitz –
Nein, bei Skythen vielleicht, bei Kiliken, bei grünen Britannen,
Auf bluttriefendem Fels, wie ihn Prometheus umschrie.
Liebt doch die Ulme die Rebe, die nimmer sich trennt von der Ulme –
Weßhalb werde so oft ich von der Herrin getrennt?

Schworst du's nicht heilig mir zu, bei mir, bei den eigenen schönen
Augen, du wolltest gewiß ewig zur Seite mir sein?
Leichter als fallendes Laub sind Mädchenworte; die flücht'gen
Wirbeln im Winde dahin, treiben im Strome mit fort.
Aber blieb nur ein Hauch dir von Liebe für mich, den Verlass'nen,
Auf dann, mache zur That, was du so lang mir versprachst.
Schirre die sausenden Klepper sogleich an den flüchtigen Wagen,
Schwing' um die Mähnen, im Wind flatternd, die Geißel du selbst.
Und dann sollen, sobald du erscheinst, sich die Hügel dir senken
Und durchs gewundene Thal leite dich freundlich der Weg.

### 13. Das Gelöbniß der Treue

Achtet es Einer für Schmach, zu dienen dem lieblichsten Mädchen,
Müßt' er als Richter auch mich schuldig erkennen der Schmach.
Mög' es denn sein! Wenn nur sie, die im meerumrauschten Cythere
Thront und am paphischen Strand, künftig mich milder

bedrängt!

War mir's nun einmal bestimmt, der Schönsten zur Beute zu werden,

Weßhalb ist sie denn nicht schön und auch gütig zugleich?

Schönheit erhöhet den Muth: Corinna ist grausam aus Schönheit –

Weh mir Armen! Warum kennt sie sich selber so gut?

Nur aus dem Bild in dem Spiegel erwächst ja dem Mädchen der Hochmuth,

Drein sie nicht eher auch blickt, als bis ins Kleinste geschmückt.

Aber beherrschst du auch Alles und Alle durch siegende Schönheit –

Schönheit, geschaffen, mir ach stets zu berücken den Blick! –

Darfst du doch nimmer deßhalb, verglichen mit dir, mich verachten,

Da zum Erhabenen sich auch das Geringere schickt.

War's nicht die Nymphe Calypso, die einst einen Sterbliche glühend

Liebte und ihn mit Gewalt, als er sich weigerte, hielt?

Hat nicht die Göttin des Meers sich vermählt mit dem König von Phthios?
  Hat nicht Egeria auch Numa den Weisen umarmt?
Liebt nicht Venus Vulkan? Und stolpert und hinkt nicht der Süße,
  Wenn er vom Ambos kommt, widrig zu schauen daher?
Ungleich selbst ist des Lieds Versart hier; aber doch passend
  Reiht dem heroischen Vers stets sich der kürzere an.
So nimm du auch, mein Leben, mich hin – auf jede Bedingung!
  Hier ist dein Pfühl und von hier gibst du mit Recht dein Gesetz.
Nicht zum Schimpf ja werd' ich dir sein, daß du gern mich dann los wärst –
  Daß du mich liebst, o du kannst Jedem es freudig gestehn.
Freilich, nur tönende Lieder besitz' ich statt prunkenden Reichthums;
  Doch gar Manche, wie gern wäre durch mich sie berühmt!
Eine weiß ich, die selbst es erzählt, sie sei die Corinna –
  Daß sie es werde, wie viel gäb' sie nicht gern wohl darum!
Doch wie, von Pappeln umkränzt, sich der Po und der kalte Eurotas,
  Weit durch Länder getrennt, nimmer vereinen im Lauf,

So auch theilst du mit Keiner den Ruhm je meiner Gesänge:
Du nur reichest den Stoff meinem erfindenden Geist.

### 14. An Macer

Während du, Macer, im Lied den verbündeten Helden die Waffen
Anlegst und den Gesang führst bis zum Zorn des Achill,
Ruh' ich, lässig gestreckt, im Schatten der Venus, und Amor
Bricht, der Zärtliche, mir, streb' ich nach Großem, den Muth.
Oft schon sagt' ich zur Liebsten: „Nun geh' und verlasse mich endlich!“
Aber schon saß sie aufs neu schmeichelnd mir wieder im Schoß.
Oft auch sagt' ich: „Ich muß mich ja schämen,“ da hielt sie die Thränen
Kaum: „Weh,“ rief sie, „so schämst du meiner Liebe dich schon?“
Und dann umschlang sie den Hals mit den Armen mir hold und mit tausend
Küssen – zu meinem Verderb! – hat sie den Mund mir bedeckt.
Ihr war der Sieg! Und so ließ ich die Schlachten. Nur eigene

Kriege

Dacht' ich zu singen und was sonst sich im Hause begibt.

Doch nun griff ich zum Scepter, Tragödien schmiedend, bis eine

Schön mir erwuchs und die Kraft, mein' ich, erträglich gezeigt.

Amor freilich verlachte das Schleppkleid sammt den Cothurnen

Und wie mit weltlicher Hand plötzlich das Scepter ich schwang.

Endlich entzog mich auch dem der erzürnten Gebieterin

Machtwort

Und von dem hohen Cothurn stieß mich für immer der Gott.

Was mir nun bleibt, das lehr' ich: „Die Kunst der zärtlichen Liebe"

(Ach, mit der eigenen Kunst werd' ich oft bitter gequält!)

Oder ich schreibe, was einst Penelope ihrem Ulysses

Schrieb und was thränenerstickt Phyllis, verlassen, einst

schrieb.

Was all' die Frauen und Mädchen dem Makareus schrieben, dem

Paris,

Jason, dem falschen, und dir, Theseus, und dir, Hippolyt.

Was, nach dem Schwerte schon greifend, die jammernde Dido

Aeneas,

Was, schon zum Sprunge bereit, Sappho dem Phaon einst

schrieb.

Und wie kehrt dann so schnell mein Sabinus heim von der Rundfahrt!

Briefe vom Ende der Welt bringt er erwidernd zurück.

Hier erkennt schon die keusche Penelope ihres Odysseus

Siegel, und Phädra empfängt dort, was ihr Hippolyt schrieb.

Auch Aeneas der Held antwortet der trauernden Dido,

Hier ist für Phyllis ein Brief, wenn er sie lebend noch trifft.

Auch an Hypsipyle kam von Jason traurige Botschaft,

Sappho, geliebt, weiht nun gern ihre Leyer Apoll.

Auch du, Macer, vergissest, soweit es dem Sänger des Krieges

Freisteht, mitten im Krieg Amor, den goldenen, nicht.

Paris ist hier und das buhlende Weib – ein berühmtes Verbrechen! –

Laodamia, die treu folgte dem todten Gemahl.

Kenn' ich dich recht, so besingst du den Krieg nicht lieber, als diese,

Und auf dem Lager des Mars kommst du wohl gern auch zu mir.

## 15. Liebeskunst

Will lang herrschen ein Weib, so muß sie den Liebenden täuschen
Wehe! Den eigenen Rath büß' ich ganz sicher noch selbst.
Mag denn geschehen, was will: mir schadet zu rasches Gewähren;
Was mir von selber schon folgt, hass' ich und liebe, was flieht.
Denn wer voll Feuer begehrt, will ewig hoffen und fürchten,
Bis sich nach „Niemals!“ und „Nein!“ endlich sein Sehnen erfüllt.
Was denn soll mir ein Glück, das nie mich würdigt der Täuschung?
Was nicht zu Zeiten auch schmerzt, flößt mir auch Liebe nicht ein.
Ach, nur zu bald absah mir die Schwäche die schlaue Corinna,
Listig begriff sie die Kunst, die mich im Netz ihr behielt.
O, wie erlog Kopfschmerz sie so oft, wenn sie völlig gesund war,
Zwang mich – ich flehte umsonst – zögernd und trauernd zu gehn.
Oft auch dichtete selbst eine Schuld sie sich an und so weit dieß
Möglich der Unschuld war, schien sie auch schuldig zu sein.
Hatte sie so mich gereizt und aufs neue die Flammen erregt mir,

Fügte gefällig sie sich wieder und freundlich dem Wunsch.
O, wie schmeichelte dann, wie gab sie so zärtliche Worte!
Götter, wie oft dann und wie hat mich die Holde geküßt!
Also fürchte auch du, die nun ganz mir die Sinne bestrickt hat,
Fürchte Betrug und Verrath, höre mich Bittenden nicht!
Laß mich nur immer gestreckt auf die Schwelle der grausamen Thüre
Lange Nächte hindurch zittern in Regen und Frost.
So nur lieb' ich dich stets und heißer mit jeglichem Jahre,
Denn das ergötzt mich, das hält kräftig und jung mir das Herz.

**16. An einen zu gefälligen Ehemann**

Liegt dir auch wenig daran, dein Weib für dich zu bewachen,
Thor, so bewach' es für mich, der nur noch heißer entbrennt.
Was uns erlaubt ist, widert uns an; das Verbotene reizt uns
Und der Gemeinere nur liebt, wo kein Neider ihn wehrt.
Liebe, zu leicht und bequem uns gewährt, wird leicht auch zum Eckel,
Aehnlich der süßlichen Kost, die uns den Magen beschwert.
Hätte man Danaë nie verschlossen in ehernem Thurme,

Hätte auch Jupiter sie nimmer zur Mutter gemacht.
Just von Hörnern entstellt und bewacht von der neidischen Juno,
Ward auch Io dem Zeus lieber noch, als sie schon war.
Wer das Erlaubte begehrt, das Bequeme, der möge das Laub sich
Pflücken vom Baum und den Durst löschen aus offenem Strom.
Drum du, der du so sicher dich glaubst des reizenden Weibes,
Auf denn, die heutige Nacht schließe schon sorglich die Thür!
Forsche doch endlich nach, wer so oft ganz leis' an die Schwelle
Pocht und warum auch der Hund bellt durch die schweigende Nacht;
Auch was für Briefchen die Magd geschäftig dahin und daher trägt
Und wie so oft doch die Frau einsam zu schlafen verlangt.
Möge doch endlich einmal die Sorge am Marke dir nagen,
Gib uns für unsern Betrug endlich doch Stoff auch und Raum!
Wahrlich, es stiehlt nur Sand am weiten, einsamen Strande,
Wer eines albernen Manns Weib zu verführen begehrt.
Und so sag' ich's vorher: wenn nicht endlich dein Weib du zu hüten
Anfängst, hört sie sofort auf, auch die Meine zu sein.
Lange genug schon ertrug ich's: ich hoffte noch immer, ich

könnte,
Kämst du nur erst zu Verstand, prächtig dir spielen den Schelm.
Aber du bist ja zu träg' und du leidest, was nimmer ein Gatte
Leiden sollte – doch ich komm' um die Liebe durch dich.
Werd' ich Unseliger nie denn ins Haus ihr zu kommen verhindert?
Schickt mir denn wirklich die Nacht nie einen Dolch in den Weg?
Hab' ich denn nie was zu fürchten? Soll nie schwer träumend ich seufzen?
Soll ich denn niemals mit Recht elend dich wünschen und todt?
Sage nur selbst, was soll ein gefälliger Kuppler von Mann mir,
Dessen Schuld mir ja doch jedes Vergnügen verdirbt?
Such' einen Andern dir aus, der sich freut an so täppischer Nachsicht –
Willst zum Rivalen du mich, gut, dann verbiet' mir's: – ich bin's.

## Drittes Buch

### 1. Am Scheideweg

Alt, Jahrtausende lang verschont von der Schärfe des Beiles,
  Ragt hochherrlich ein Wald, Göttern zur Wohnung geweiht;
Mitten ein heiliger Quell, umwölbt vom hangenden Tuffstein,
  Rings durch den dämmernden Hain klagen die Vögel gar süß.
Dort erging ich mich einst einsam auf schattigem Waldweg,
  Sinnend, welch passenden Stoff nun sich erwähle mein Lied.
Sieh, da erschien mir die Elegie in duftendem Haarschmuck,
  Aber es schien *ein* Fuß etwas ihr kürzer zu sein.
Hold die Gestalt, durchsichtig das Kleid, die Mienen so schmachtend,
  Ja, selbst der Fehler am Fuß gab ihr nur größeren Reiz.
Auch die Tragödie kam, mit mächtigen Schritten, gewaltig,
  Wild in die Stirne das Haar, schleppend das düstre Gewand.
Hoch in der Linken schwang ein Königsscepter voll Kraft sie,
  Während der hohe Cothurn fest ihr die Füße umschloß.
Diese begann zuerst: „Wann machst du der Liebe ein Ende,
  Dichter, der immer so zäh hängt an dem nämlichen Stoff?
Sieh, schon erzählt man beim Wein deine schmählichen

Liebesgeschichten,

Und schon erzählen davon Straßen und Plätze der Stadt.

Alles schon zeigt auf dem Markt mit dem Finger auf dich und sie sagen:

Das ist der Dichter, den ach immer die Liebe so quält.

Rein als Märchen schon gehst in der Stadt du herum (und du merkst nichts!),

Seit du so ganz ohne Scheu selber dein Treiben erzählst.

Zeit wär's, daß nun auch dich der ernstere Thyrsus bewegte –

Schreite, du ruhtest genug, endlich zu größerem Werk.

Jetzt verdirbt dein Talent durch den Stoff. Sing' Thaten von Männern

Und bald sagst du: Ja, dieß ist mir ein würdiges Feld.

Tändelnd hast du Gesänge für zärtliche Mädchen gedichtet,

Hast deine Jugend, im Lied fröhlich sie feiernd, verbracht;

Doch jetzt fordere ich, die Tragödie Roms, einen Namen,

Heische von dir ihn und du sollst mein Gebieter nun sein." –

Also sprach sie und hoch gestützt auf die bunten Cothurnen

Neigte sie drei-, viermal lockenumschüttelt das Haupt.

Aber die Andere lachte sie an mit schelmischen Augen,

Ihr in den Händen lag, glaub' ich, ein myrtener Zweig.
„Stolze Tragödie," sprach sie, „was greifst du so hart mich und ernst an?
Oder vermagst du denn nie anders, als ernst nur zu sein?
Und doch verschmähte dein Zorn nicht das ungleichfüßige Versmaß,
Hast mit dem eigenen Vers mich noch soeben bekämpft.
Nimmer vergleich' ich ja deine erhabene Dichtung mit meiner,
Wie sich die Hütte vergleicht nimmer dem Königspalast,
Leicht nur bin ich und leicht ist auch Amor, dem ich mich weihte;
Wie denn käm' ich dazu, ernster zu sein, als mein Stoff?
Plump nur wär' ohne mich selbst die Mutter des schelmischen Amor,
Darum zur Helferin ward ihr, zum Geleit ich gesellt.
Schmeicheln nur kann ich; doch dann, dann fliegen mir Thüren, die nie dein
Stolzer Cothurn dir erschließt, auf wie mit Zaubergewalt.
Doch ist die größere Macht auch verdient, da ich mehr auch erleide,
Mehr schon ertrug, als dein Stolz wäre zu tragen bereit.

Durch mich lernte Corinna die Wächter zu täuschen und selbst die
Treue des festesten Thors brachte durch mich sie zum Fall.
Sacht sich vom Lager zu stehlen, im losen Gewand, und zu schleichen
Leis durch die schweigende Nacht, lernte sie gleichfalls von mir.
Und doch hing ich wie oft an die Pfosten der Thüre genagelt,
Daß meine Verse das Volk gaffend und zischelnd umstand.
Ja, ich erinnere mich, wie ich einst, bis der grimmige Wächter
Fort war, tief in der Magd Busen mich angstvoll verbarg.
Und nun gar, da mich einst, zum Geburtstag gesendet, Corinna
Launisch zerriß und o Schmach! zornig ins Wasser dann warf.
Doch dir weckt' ich zuerst die glücklichen Keime des Geistes,
Und daß dich jene begehrt, dankest du heute nur mir."
Also schloß sie; ich sprach: „Ich beschwör' euch, Göttinnen, beide,
Möge mein schüchternes Wort finden ein freundlich Gehör.
Du hier schmückst mit dem Scepter und schmückst mit dem hohen Cothurn mich,
Und da du kaum mich ergreifst, tönt schon erhaben mein Mund.
Doch du machst meine Liebe und mich mit der Liebe unsterblich –
Bleibe bei mir, o laß tönen elegisch mein Lied.

Gönne, Tragödie, du dem Dichter die wenige Zeit noch,
   Welche sich jene verlangt – dann bin für immer ich dein."
Und sie gewährte den Wunsch. Nun eilet, ihr zärtlichen Lieder,
   Noch ist es Zeit, schon harrt meiner die ernstere That.

### 2. Das Wagenrennen

Nicht um die Pferde zu sehn, die edlen, bitt ich gekommen –
   Sieger sei immer das Pferd, das dir am meisten gefiel! –
Nein, ich kam, um mit dir nur zu sprechen, bei dir nur zu sitzen,
   Daß du erfahrest, wie heiß du mir die Liebe erregst.
Dort auf die Bahn blickst du, ich auf dich – so laß uns denn Beide
   Anschaun, was uns gefällt, was uns die Augen ergötzt.
Glücklich der Lenker der Rosse, für den du, Holde, Partei nimmst,
   Der deiner Gunst dir werth, werth deiner Sorge dir scheint.
Würde das mir doch zu Theil! Dann entstürzt den heiligen Schranken,
   Flög' ich auf hohem Gespann selber gewaltig einher,
Und die Zügel verhängt, die Rosse zerpeitschend umsauste
   Ich mit dem inneren Rad scharf an der Säule das Ziel.
Freilich, erblickt' ich dann dich, so hielt' ich wohl staunend im Lauf an

Und aus den Händen gewiß glitte vor Schreck mir der Zaum.
Wäre doch Pelops beinahe gefallen vom Speer des Pisäers,
Da er ins Antlitz dir, Hippodamia, gesehn.
Und doch hat er zuletzt noch gesiegt durch die Gunst der Geliebten –
Führte doch Jeden von uns zärtliche Liebe zum Sieg!
Aber was rückst du? Umsonst! Man muß sich so eng hier bequemen –
Zwingt doch des Circus Gesetz selbst zu so löblichem Brauch.
Doch du, wer du auch seist, da zur Rechten! Schone das Mädchen!
Dränge zu derb nicht! Du thust wahrlich der Aermsten noch weh!
Und du hinter uns da! So nimm deine Beine doch an dich!
Pfui, mit dem spitzigen Knie drückst du den Rücken ihr ein!
Aber dein Mantel! Er streift auf dem Boden, er glitt dir vom Arme
Heb' ihn doch auf – oder nein, laß mich, schon heb' ich ihn selbst.
Neidisches Kleid, wie verdecktest du doch so reizende Füße!
Sieh doch nur selber, wie schön! Sieh nur, du neidisches Kleid!
Das sind die Füße, die du einst, Melanion, an Atalanta

Liebtest und die deine Hand hätte so gerne umspannt.
So auch malt man den Fuß der hochgeschürzten Diana,
Wenn sie das flüchtige Wild, selber so flüchtig, verfolgt.
Deine Füßchen nun liebt' ich, bevor ich sie sah – doch was wird nun,
Da ich sie schaute und so Feuer zum Feuer du legst?
Ach, ich schließe gar sehr, auch das Andere könne gefallen,
Was sich so züchtig noch birgt unter dem zarten Gewand.
Willst du inzwischen jedoch, daß freundlich kühlende Lüfte
Dich umfächeln? Schon ist, siehe, mein Fächer bereit.
Wie? Oder ist es die Glut des Herzens nur, die mich so peinigt?
Ist es die Liebe zu dir, die mir die Seele versengt?
Während ich zu dir sprach, flog Staub auf das weiße Gewand dir:
Fort mit dir, häßlicher Staub! Fort von dem schneeigen Leib!
Aber schon naht ja der Zug! Erfüllt von schweigender Andacht
Klaschet ihm Beifall! Es naht, siehe, der goldene Zug.
Allen voran die Göttin des Siegs mit entfalteten Schwingen –
Komm, o Göttin, verleih' du meiner Liebe den Sieg.
Beifall klascht dem Neptun ihr, die ihr zu gern nur dem Meer traut!

Ich, ich verschmähe das Meer, mir ist die Erde genug.
Beifall klascht auch dem Mars, ihr Krieger! Ich hasse die Waffen:
Friede behagt mir, mich freut Liebe, von Frieden umhegt.
Sei von den Sehern gegrüßt, o Apoll, von den Jägern, Diana,
Wende des Künstlers Hand, ernste Minerva, dir zu.
Auf, Landleute, erhebt euch vor Ceres und Bacchus, dem Zarten,
Fechter und Reiter, nun macht Castor und Pollux euch hold.
Ich, ich klatsche, o Venus, nur dir, und dem bogengewalt'gen
Knaben – o neige voll Huld meinem Beginnen dich zu!
Lenke der neuen Gebieterin Sinn, meine Liebe zu dulden –
Sieh nur, sie neigte das Haupt, winkte Erhörung mir zu!
Was mir die Göttin versprach, das versprich mir nun selber – du sollst auch
(Möge mir Venus verzeihn!) größer als Venus mir sein!
Hier bei allen den Zeugen, beim Zuge der Götter beschwör' ich's:
Dir nur gehör' ich und dein bin ich für ewige Zeit.
Aber dir fehlt ja der Halt für die Füße; so setze die Spitzen,
Wenn dir das irgend behagt, doch in das Gitter vor dir!
Schon ist der Circus geräumt, schon öffnet die Schranken der Prätor

Und vierspännig geschirrt sausen die Rosse dahin.
Wen du begünstigst, ich seh' es, und wen du begünstigst der siegt auch –
Ja, selbst die Rosse, beim Zeus, wissen, wohin du dich neigst.
Weh mir Armen! Er schießt um das Ziel weitläufig im Bogen –
Weh, was beginnst du? Schon drängt rasch sich der Folgende ein.
Unglückslenker! Du machst mir des Mädchens Wunsch ja zu nichte!
Zieh' doch mit kräftiger Hand, hörst du, die Zügel nach links!
Feigling, unwürdig der Gunst! So ruft ihn zurück denn, Quiriten,
Ruft ihn, und gebt das Signal rings mit geschwung'nem Gewand.
Siehe, man ruft ihn zurück! Sie schwingen die Togen – sei achtsam,
Wahr' deine Locken, o birg schnell an der Brust mir dein Haupt.
Und schon stehen die Schranken zum anderen Male geöffnet,
In buntfarbigem Zug donnern die Pferde hervor.
Siege doch wenigstens jetzt! Stürm' keck auf der offenen Bahn hin,
Siege! Erfülle den Wunsch mir und der Herrin zugleich!
Meiner Gebieterin Wunsch ist erfüllt, ich harre noch immer:
*Er* hat die Palme, doch ich kämpfe noch immer um sie . . . . .

Und hier lächelte sie, gar schelmisch, wie etwas versprechend –
Dank dir! An anderem Ort gibst du, so hoff' ich, noch mehr.

### 3. Die Meineidige

Glaub' an Götter, wer will! Sie brach die beschworene Treue
Und doch blieb sie so schön, ach, wie sie immer nur war.
Lang wie ein Schleier umfloß sie das Haar, eh' falsch sie geschworen,
Das, da der Götter sie lacht, heut noch sie herrlich umgibt.
Weiß, doch das blendende Weiß durchschimmert von rosiger Röthe,
War ihr Gesicht und noch heut glänzt es wie Rosen und Schnee.
Klein war ihr Fuß und wie klein ist noch heut dieß kleinste der Füßchen!
Schlank und von Anmuth umwallt war sie und ist sie noch stets.
War nicht ihr Auge voll Glanz? Noch strahlen wie Sterne des Himmels
Jene Augen, die mich, die schon so oft mich getäuscht.
Freilich, den Mädchen gestatten selbst Götter seit lang schon den Meineid
Und was nur hold ist und schön, hat seinen eigenen Gott.

Schwor sie nicht neulich erst noch – ich weiß es zu gut nur – bei ihren
Augen und meinen? Doch mich schmerzten die Augen dann sehr.
Götter, o sprecht! Straflos wohl durfte euch jene betrügen –
Doch warum soll denn nun ich büßen, was jene verbrach?
Denkt an Andromeda doch, die der schönheitprahlenden Mutter
Thorheit büßte, von euch schimpflich zum Tode verdammt!
Ist's nicht genug, daß ihr Zeugen mir wart und nun doch mich im Stich laßt,
Während sie straflos und frei mich und euch Alle verhöhnt?
Soll sie durch meine Bestrafung sich lösen vom eigenen Meineid?
Soll ich, Betrogener, mich auch noch zum Opfer ihr weihn?
Nein! Entweder ist Gott nur ein Schall, ein nichtiges Schreckbild,
Das mit thörichter Furcht gläubige Seelen beherrscht,
Oder es ist ein Gott; dann ist er verliebt in die Mädchen
Und was dem Völkchen beliebt, läßt er voll Schwachheit geschehn.
Uns nur gilt es, wenn Mars mit dem Schwerte des Todes sich gürtet,

Uns nur schleudert den Speer Pallas mit sicherer Hand;
Uns nur bedroht mit dem Bogen der Fernhintreffer Apollo
Und der gewaltige Blitz Jupiters fällt nur auf uns.
Doch eine spöttische Schöne zu kränken, das wagte kein Gott noch;
Nein, denn er fürchtet das Weib, das doch vor ihm sich nicht scheut.
Wer denn möchte noch fromm die Altäre bestreuen mit Weihrauch?
Wahrlich, ein stärkerer Sinn ziemte dem Männergeschlecht.
Jupiter schleudert voll Muth auf Tempel und Haine den Blitzstrahl
Doch meineidige Fraun hat er noch immer verschont.
Und doch verdienten so viele den Blitz! Nur Semele mußte
Elend verbrennen, weil sie Alles dem Gott einst gewährt.
Hätte sie Jupiter doch sich entwunden, da liebend er nahte!
Bacchus auch hätte ihn dann nimmer zur Mutter gehabt.
Aber was klag' ich und schelt' auf den ganzen Olymp? Auch die Götter
Haben ja Augen, auch sie haben ein zärtliches Herz.
Wär' ich selber ein Gott – wohlan, meiner eigenen Gottheit

Ließ' ich euch spotten, ihr Fraun! Schwöret, was immer ihr wollt!

Eidlich erhärtet' ich selbst: nur Wahrheit schwören die Mädchen,

Und, wie ihr Alle gesteht, wär' ich ein gütiger Gott. – –

Doch du nütze fortan, o Mädchen, bescheid'ner der Götter

Nachsicht – zum mindesten laß künftig mein Auge verschont!

### 4. An einen zu strengen Eheherrn

Grausamer Mann, du umstellst mit Hütern und Wächtern dein schönes

Weib – doch vergeblich! Die Frau schützt nur das eigene Herz.

Keusch ist jene doch nur, die nicht sündigt bei völliger Freiheit.–

Die nur gezwungen sich rein wahret, die nenn' ich nicht keusch.

Wahre du immer den Leib, ihr Geist bricht dennoch die Ehe,

Und wie bewachst du dann den, wenn er sich selbst nicht bewacht?

Doch auch den Körper nicht kannst du bewahren, und wenn du auch Alles,

Alles verschlössest – es sitzt schon der Verführer darin.

Weniger sündigt ja stets, wer sündigen darf, und das Können

Selber vermindert die Lust, nimmt von der Sünde den Reiz.

Hüte dich wohl, durch Strenge die Lust erst zu wecken; o glaub' mir,
Leichter durch freundlichen Sinn bannst du die nahe Gefahr.
Jüngst erst sah ich ein Roß, das wider die Bande sich sträubte
Und mit knirschendem Maul schoß es dahin wie ein Blitz.
Aber es stand auch, sobald nur der Lenker die Zügel ihm nachließ,
Und auf dem flatternden Haar ruhte ihm locker der Zaum.
Nach dem Verbotenen streben wir stets und begehren Versagtes,
Wie nach verbotenem Trunk ewig der Kranke sich sehnt.
Hundert Augen wohl trug an der Stirn und hundert im Nacken
Argus – sie alle betrog Amor wie oft doch allein!
Stein- und eisengefügt war einst auch Danaës Kerker,
Den sie jungfräulich betrat und doch als Mutter verließ.
Aber Penelope blieb, obwohl sie des Wächters entbehrte,
Mitten im stürmischen Schwarm freiender Jünglinge rein.
Was man so ängstlich bewacht, das lockt nur noch mehr; erst die Sorge
Bringt uns die Diebe. Man liebt selten, wo Niemand es wehrt.
Minder noch reizt an dem Weib die Gestalt, als die Tollheit des Mannes,

Der an ihr, meint man, wer weiß was für ein Wunder besitzt.
Mag leichtfertig sie sein, doch es eifert ihr Mann! Das genügt schon –
Mehr als ihr lieblicher Leib, reizt noch der Eifer des Manns.
Schilt du nur immer! Mich freut nur verbotene Liebe und wenn erst
Eine: „Ich fürchte mich" sagt, hat sie schon völlig mein Herz.
Auch ganz rechtlos verwahrst du die Gattin, die frei doch gebor'ne
Mag ein barbarisches Volk üben so rohen Gebrauch!
Doch sie – daß nur dein Wächter sich großthun könne: „ich hielt sie
Scharf in der Zucht!" – deshalb soll sie in Keuschheit vergehn?
Bäurisch über Gebühr ist, wem Untreue der Gattin
Wehthut, wahrlich, er kennt wenig die Sitten der Stadt,
Wo selbst die Söhne des Mars nicht schuldlos wurden geboren,
Remus und Romulus, du, aus dem vestalischen Schoß.
Wenn nur ein züchtiges Weib dir gefällt, was nahmst du ein schönes?
Schönheit und Keuschheit, noch nie sah ich die beiden vereint.
Bist du gescheidt, nachgibst du der Frau! Doch die finsteren

Mienen

Laß und bestehe so starr nicht auf den Rechten des Manns.

Bringt dir Freunde die Frau – und sie werden nicht fehlen – so sei du

Freundlich: geringes Bemühn schafft dir gar reichliche Gunst.

Zutritt hast du dann stets zu der Jünglinge frohen Gelagen

Und du wirst Vieles im Haus sehen, was *du* nicht geschenkt.

### 5. Der Traum

„Nacht war's, freundlich schon hatte der Schlaf mir die Augen geschlossen,

Als mir – o höre! – ein Traum schrecklich die Seele befing:

Schön an den sonnigen Hügel gelehnt stand rauschend ein Eichwald,

Drin unzähliges Volk munterer Vögel sich barg.

Ueppig grünte daneben die duftigste Wiese, vom klaren

Wasser des flutenden Bachs sanft in den Wurzeln getränkt.

Ich selbst war vor der Hitze geflohn in den Schatten des Waldes,

Doch mich umglühte die Luft selbst in dem Dickicht des Walds.

Plötzlich sah ich vor mir eine Kuh von blendender Weiße,

Die nach Kräutern und Gras hier auf der Flur sich erging.

Weißer wohl war sie als Schnee, der, eben erst flockig gefallen,
Noch auf dem Boden sich nicht thauend im Wasser gelöst.
Weißer auch war sie als Milch, die eben vom Euter des Schafes
Kommt dick quellend und warm schäumende Blasen noch zeigt.
Ihr war ein kräftiger Stier der Gefährte und glückliche Gatte,
Der mit dem Weibchen sich nun streckte behaglich ins Gras.
Während er also lag und, die Kräuter wieder und wieder
Käuend, das würzige Mahl immer aufs neue genoß,
Schien es, als ob schlafmüd' ihm die Kraft hinschwinde, bis endlich
Hörnergewaltig das Haupt schwer auf den Boden ihm sank.
Doch jetzt hoch aus der Luft, von flüchtigen Schwingen getragen,
Kam eine Krähe und ließ schwatzend sich nieder im Gras.
Dreimal schlug sie den Schnabel dann keck in die schneeige Brust der
Kuh und glänzendes Haar trug sie im Schnabel mit fort.
Lang stand zögernd die Kuh; dann verließ sie die Weide, verließ sie
Selber den Stier – doch schwarz war nun die Brust ihr gefleckt.
Und jetzt gewahrte sie fern auf der Weide noch andere Stiere –
Denn noch weideten fern andere Stiere durchs Gras.–

Stürzte sich stürmisch dorthin und mischte sich unter die Heerde
Und von dem fetteren Grund raufte sie gierig das Gras.
Doch du, sage mir nun – du verstehst ja der nächtlichen Träume
Deutung – wenn Wahres darin liegt, was bedeutet der Traum?“
Also sprach ich und mir versetzte der nächtlichen Träume
Deuter, nachdem er im Geist jedes der Worte bedacht:
„Erstlich bedeutet die Glut, der du selbst nicht im Dickicht des Waldes
Konntest entrinnen, für dich Lieb' in der eigenen Brust.
Ferner bedeutet die Kuh dir dein Mädchen – wohl paßt ja die Farbe;
Du bist ihr Mann und du warst ihr auf der Weide der Stier.
Aber die Krähe, die ihr mit dem Schnabel die Brust so zerhackte,
War wohl ein kuppelndes Weib, das deine Herrin umschleicht.
Wie von dem Stiere die Kuh nach langem Zögern sich trennte,
Also läßt sie auch dich fröstelnd im einsamen Bett.
Endlich verkünden die Flecken der Brust, es habe auch sie nicht
Frei sich von Treubruch, nicht frei sich von Schande bewahrt.“ –
Also sagte der Deuter; da floh mir aus dem erstarrten
Antlitz das Blut und schwarz stand mir vor Augen die Nacht.

## 6. Die Liebe der Flüsse

Strom, an den schlammigen Ufern vom Rohr umrauscht, ich verlange
   Eilends zur Herrin – halt ein, hemme die tosende Flut!
Nirgends sind Brücken zu sehn, noch ein bauchiger Kahn, der am schwanken
   Tau ohne Ruder mich sacht trüge zum anderen Strand.
Klein ja warst du, ich weiß, vordem und ich scheute mich niemals,
   Dich zu durchschreiten: mir ging kaum an die Knöchel die Flut.
Doch abdonnernd vom Berg mit des Schnees geschmolzenen Massen
   Wälzest du, Häßlicher, heut schmutzige Wogen daher.
Was nun half mir die Eile? Was hilft's, daß ich kaum noch zur Ruhe
   Zeit mir gegönnt, daß die Nacht ich mit dem Tage verband?
Soll ich nun müßig hier stehn? Gelingt mir's nimmer und nimmer,
   Auf den ersehnten Strand glücklich zu setzen den Fuß?
O dann wünscht' ich mir wohl des Perseus Flügel, als stolz er,
   Gräßlich von Schlangen umzischt, trug das medusische Haupt –
Oder der Ceres Wagen, mit dem einst Triptolemus, weithin

Körner durchs wüste Gefild streuend, die Länder durchzog.
Aber das sind ja nur Märchen, sind Lügen von alten Poeten,
Wie sie die Welt nie sah und wohl auch niemals wird sehn.
Lieber tritt du in dein Bett doch zurück, das du brausend verlassen,
Strom – es genügt dir und so währe dann ewig dein Lauf!
Unerträglichen Schimpf, o glaube mir, würd' es dir bringen,
Hieß' es, du hieltest mich hier trotz meiner Liebe zurück.
Müßten doch Flüsse zuerst in der Liebe den Jünglingen beistehn –
Denn was verliebtsein heißt, haben auch sie ja gefühlt.
Blaß zog Inachus hin, der bithynischen Nymphe zu Liebe,
Melia, glutenerfüllt mitten in eisiger Flut.
Noch ward Ilion nicht zweimal fünf Jahre belagert,
Als dir Neäras Reiz, Xanthus, die Sinne berückt.
War nicht, Alpheos, in dir das Verlangen so brünstig, daß blindlings
Du Arethusa verfolgt bis in ein anderes Land?
Hast nicht, Peneios, auch du die Verlobte des Xanthus, Kreusa,
Einst im phthiotischen Land, also erzählt man, versteckt?
Soll von Asopos ich reden? Ihn hielt die kriegerisch schöne

Thebe umgarnt, die ihm fünf Töchter dann lieblich gebar.
Wollt', Achelous, ich dich nach den trotzigen Hörnern befragen,
Würdest du klagen: sie brach Herkules' Arm mir im Zorn.
Kalydon war dir so viel nicht werth, noch das ganze Aetolien –
So hoch galt dir als Preis Deianira allein.
Ja selbst der Nil, der so stolz in sieben Mündungen ausströmt
Und seiner mächtigen Flut Heimat so trefflich verbirgt,
Hat die gewaltige Glut zu Asopus Tochter, Euadne,
Nicht in des eigenen Stroms Wirbeln zu löschen vermocht.
Daß er auf trockenem Grund mit Tyro vergnügen sich könne,
Hieß Enipeus den Fluß weichen und siehe, er wich.
Deiner auch denk' ich gar wohl, der an des argivischen Tibur
Obstbaum-Hainen vorbei donnert die Felsen herab.
That dir's doch Ilia an – und doch, welch entsetzlichen Anblick
Bot sie, die Wangen zerfleischt, gräßlich die Haare zerrauft!
Laut das Verbrechen des Mars und des Oheims Härte bejammernd,
Irrte mit nackendem Fuß sie durch das einsame Feld.
So nun sah aus dem Wogengebrause bewegt sie der Flußgott
Und dumpftönend erscholl tief aus den Fluten sein Wort:

„Ilia," rief er, „du Sproß aus Laomedons fürstlichem Stamme,
Sage, was irrst du so bang hier an dem Strande umher?
Warum bist du allein, des ziemenden Schmuckes vergessen?
Warum fesselt dir nicht schimmernd die Binde das Haar?
Warum weinst und verdirbst du mit ewigen Weinen die Augen?
Warum mit rasender Hand schlägst du die offene Brust?
Wahrlich, es trägt in dem Busen nur Stein und gefühlloses Eisen,
Den nicht ein holdes Gesicht rührte, von Thränen bethaut.
Ilia, banne die Furcht! Dir öffnet mein fürstliches Schloß sich,
Dich ehrt jeglicher Strom – Ilia, banne die Furcht!
Hundert der Nymphen und mehr sind deiner Befehle gewärtig,
Hundert der Nymphen und mehr wohnen in meinem Gebiet.
Nur verachte mich nicht, ich bitte dich, Tochter der Troer –
Reicher noch, als ich versprach, will ich dir lohnen die Huld."
Also sprach er, da schlug den bescheid'nen Blick sie zu Boden,
Krampfhaft hob sich im Schmerz thränenbeströmt ihr die Brust.
Dreimal wollte sie fliehn und dreimal brach sie zusammen,
Selbst zum Fliehen die Kraft hatte der Schreck ihr gelähmt.
Aber zuletzt sich das Haar feindseligen Grimmes zerraufend,
Stieß sie mit bebendem Mund jammernd die Worte hervor:

„Hätte man doch mein Gebein zur Asche der Väter gesammelt,
Da man jungfräulich mich noch konnte geleiten zur Gruft.
Warum wagt man mich hier, die Vestalin, zur Hochzeit zu laden?
Ach weil, der Ehre beraubt, Vestas Altar mich verstößt.
Was noch säum' ich? Schon zeigt auf die Buhlerin spottend die Menge –
Fort mit dem Haupte, das doch Scham nur und Schande entstellt!"
Also rief sie und dann die furchtsamen Augen geschlossen,
Warf die Verzweifelte sich jäh in die reißende Flut.
Doch es umfing um die Brust sie mit kräftigen Armen der Flußgott
Und in das ehliche Bett nahm er die Liebliche auf. – –
Glaublich ist mir's darum, daß auch du für ein Mädchen schon glühtest,
Aber der Wald und der Hain decken die Sünden euch zu.
Und nun, während ich sprach, aufschäumtest du wilder und wilder,
Aus dem geräumigen Bett bricht schon entfesselt die Flut.
Rasender, sprich, was willst du von mir? Was machst du der Liebe
Hoffnung zu nichte? Was trittst du mir so plump in den Weg?

Wärst du doch erst nur ein richtiger Fluß oder gar ein berühmter,
Der durch die Welt weithin würde mit Ehren genannt!
Aber dein Name ist nichts. Aus elenden Bächlein nur läufst du
Dürftig in Eins; kein Quell ist dir, kein sicheres Haus.
Regenwasser nur nährt und geschmolzener Schnee dich – das sind die
Kostbaren Schätze, die dir traurig der Winter bescheert.
Schmutzig brausest entweder du her im verdrießlichen Spätjahr
Oder du kriechst voll Staub langsam durch glühenden Sand.
Wann wohl schöpfte aus dir ein verschmachtender Wanderer? Wann wohl
Sprach zu dir dankbar ein Mund: Fließe du ewig so fort!
Schaden nur bringst du dem Vieh, noch schädlicher bist du den Aeckern –
Doch der Schaden betrifft mich nicht – ich klage für mich.
Und dir konnt' ich erzählen, ich Thor, von der Liebe der Flüsse?
Herrliche Namen, o Schmach, nennen so niedrigem Ohr?
Nimmer begreif' ich mich selbst. Wie konnt' ich nur dich, Achelous,
Nennen vor diesem und euch, Inachus, Xanthus und Nil?

Herzlich denn wünsch' ich darum, stets möge dir, häßlicher Gießbach,
Glühend der Sommer und stets trocken der Winter dir sein.

### 7. Der Ritter

Und nun soll noch ein Mensch die edlen Künste verehren
Oder soll glauben, noch sei zärtliches Dichten am Platz!
Früher wohl stand ja der Geist viel höher, als Gold in der Schätzung –
Heut' ist der größte Barbar jener nur, der nichts besitzt.
Trefflich gefielen der Liebsten die Verse; doch wenn sie auch diesen
Gütig den Zutritt erlaubt, bleib' ich doch selber verbannt.
Während sie reich mich belobt, verschließt dem Belobten die Thür sie –
Geistreich, witzig, gewandt, irr' ich zum Spott ihr umher.
Denn einen Reichen nun zieht sie mir vor, einen Ritter von gestern,
Der sich gemästet mit Blut, Schätze mit Wunden erwarb.
Und ihn kannst du, mein Herz, mit den reizenden Armen umschlingen?

Kannst wahrhaftig die Nacht zärtlich im Arme ihm ruhn?
Weißt du denn nicht, daß dieß Haupt mit dem Söldnerhelme bedeckt war,
Daß einst die Hüfte, die dir dient, mit dem Schwert sich behing?
Hier in der Linken (wie schmückt sie so schlecht der verspätete Goldreif!)
Trug er den Schild und von Blut troff ihm die Rechte wie oft.
Und sie, die einst die Menschen erschlug, sie kannst du berühren?
Wehe, wo blieb dir dein fromm kindliches, weiches Gemüth?
Sieh dir die Narben doch an, die Spuren der scheußlichen Kämpfe
Was er nur irgend besitzt, hat mit dem Leib er verdient.
Möglich, er sagt dir auch noch, wie viel er Menschen erwürgt hat –
Und, Habsüchtige, du duldest trotzdem seine Hand?
Doch ich, Phöbus geweiht und der Musen heiliger Priester,
Sing' an der grausamen Thür ewig vergeblich mein Lied.
Lernt, die ihr klug seid, nicht, was ich selbst nutzlos nur lernte –
Stürmt in die Schlachten vielmehr, stürmt in des Lagers Gewühl.
Wer wird Verse noch feilen? Heut gilt's die Soldaten zu drillen!
Alter Homer, auch du fingest von vornen jetzt an.
Jupiter, wohl sich erinnernd, daß nichts so mächtig als Gold sei,

Gab der Verführten zuletzt selber als Gold sich noch hin.
Denn so lang' es an diesem gebrach, blieb störrisch der Vater,
Spröde sie selber und erzstarrend das Thor und der Thurm.
Aber als endlich der Gott sich zum Schenken klüglich herbeiließ,
Bot sie ihm selber den Schoß, hat sie ihm Alles gewährt.
Freilich, als du noch, Saturn, in den Reichen des Himmels regiertest,
Hielt auch die Erde mit Nacht tief noch den Mammon bedeckt.
Erz und Silber und Gold und das wuchtige Eisen, sie hielt es
Tief bei den Schatten: man sah nirgends auf Erden Metall.
Besseres gab sie dafür: die Feldfrucht ohne die Pflugschar,
Obst und Honig, in hohlstämmigen Eichen bewahrt.
Damals furchte noch Niemand mit mächtigem Pfluge den Boden,
Niemand zog noch der Flur Grenzen mit Graben und Stein;
Niemand schlug mit dem Ruder des Meers aufschäumende Wogen
Und das Ende des Wegs war noch für Jeden der Strand.
Mensch, wie kehrtest du doch dich erfinderisch gegen dich selber,
Warst so gelehrig und klug, dir nur zum eig'nen Verderb!
Warum mußtest mit Mauer und Thurm du die Städte umzingeln?
Warum zum Streite die Hand noch mit der Waffe versehn?

Warum bezwangst du das Meer? Dir konnte die Erde genügen –
Willst du zum dritten nicht noch stürmen den hohen Olymp?
Aber du strebst ja bereits nach dem Himmel mit Kräften: Quirinus,
Herkules, Bacchus und jetzt Cäsar erwarben ihn schon.
Statt des Getreides entreißt man gediegenes Gold nun der Erde,
Schätze, gewonnen mit Blut, bilden des Kriegers Besitz.
Armen verschließt der Senat sich, Vermögen schafft Aemter und Würden,
Und schafft, würdige Herrn Ritter und Richter, auch euch.
Mögen sie Alles denn haben, das Forum beherrschen, das Marsfeld,
Frieden schließen und Krieg führen wie immer – es sei!
Nur nicht sollen voll Gier auf meine Geliebte sie bieten –
Etwas – das ist schon genug! – bleibe uns Armen ja doch.
Denn sie, die einst so stolz und wie eine Sabinerin groß that,
Kriecht vor dem Reichen nun ganz wie eine Sklavin zu Kreuz.
Mir ist der Wächter im Weg, bei mir nur fürchtet den Mann sie –
Könnt' ich nur zahlen! Sogleich räumten mir beide das Feld.
O, rächt irgend ein Gott verachtete Liebe, so wandl' er
Zürnend in Staub den Besitz, den sie so schimpflich erwarb.

## 8. Auf den Tod des Tibullus

Wenn einst Thetis den Sohn, den Sohn Aurora beweint hat,
Wenn euch ein Trauergeschick, mächtige Göttinnen, rührt –
Löse dann weinend dein Haar, Elegie, o löse den Schmuck dir
Ach, und in schmerzlicher Pflicht zeige des Namens dich werth.
Er, der Meister des Lieds, dein Ruhm, dein Sänger Tibullus
Brennt, ein entseelter Leib, hoch auf dem Todtengerüst.
Siehe, den Köcher zur Erde gekehrt naht Cyprias Knabe,
Kläglich den Bogen zerknickt, kläglich die Fackel verlöscht.
Sieh, wie die Flügel gesenkt und vom Schmerze betäubt er einhergeht,
Wie er die offene Brust schlägt mit verzweifelter Hand!
Feucht ist von Thränen sein Haar, das wirr ihm die Wangen umflattert,
Schluchzen erstickt ihn und rauh tönt ihm die Klage vom Mund.
So auch schritt er vordem, an die Leiche des Bruders Aeneas
Eilend, aus deinem Gemach, schöner Iulus, hervor.
Aber auch Venus selbst ist heute nicht minder erschüttert,
Als da der Eber den Leib ihres Geliebten zerfleischt.
Und doch nennt man uns Sänger geweiht und die Sorge der Götter

Göttliches Wesen sogar legen uns Einige bei.
Doch rauh waltend verschont auch das Heiligste selber der Tod nicht
Und auf Alles, was ist, legt er die finstere Hand.
Orpheus, sprich, was half dir der Vater? Was half dir die Mutter?
Was, daß mit Liedern du einst Panther und Tiger gebannt?
Weinte um Linus nicht auch Apollo, die düsteren Wälder
Klagend durchirrend, bis ihm endlich die Leyer zersprang?
Nimm den Mäonier dann, aus dem wie aus ewigem Borne
Sänger um Sänger verzückt trank die pierische Flut.
Ihn auch sandte der Tag des Todes zum dunklen Avernus
Und der Vernichtung entging nur sein unsterbliches Lied.
Ewig dauert der Dichter Werk: stets singt man von Troja
Und dem Gewebe, zertrennt nächtlich den Freiern zum Spott.
Stets wird man, Delia, dich und dich auch, Nemesis, nennen,
Dich, die er jung einst, und dich, die er noch sterbend geliebt.
Sagt nun, was half euch das Opfer? Was half euch das Sistrum? Was half euch,
Daß ihr auf züchtigem Pfühl einsam die Nächte verbracht?
Doch daß der Tod so die Besten hinwegrafft, regt mir das Herz auf:

Können da wirklich – verzeiht – können da Götter noch sein?
Lebe gerecht und du stirbst. Bring' heilige Opfer – vom Opfer
Reißt dich der Tod mit Gewalt fort in die schaurige Gruft.
Baust du auf holden Gesang? Tibull – sieh, liegt auf dem Holzstoß
Weh, und sein Irdisches füllt kaum noch den winzigen Krug.
Heiliger Sänger, auch dich verzehrten die lodernden Flammen?
Dir auch umzingelten sie gierig die wehrlose Brust?
Hätten sie lieber sich doch gestürzt auf die goldenen Tempel
Aller der Götter, die ach, ließen so Schweres geschehn!
Doch ist's besser noch so, als wenn das Land der Phäaken
Ihn, den Fremdling, zur Gruft hätte unwürdig geschafft.
Hier war die Mutter denn doch, die im Tode die brechenden Augen
Fromm ihm schloß und dem Staub weihte das letzte Geschenk.
Hier war die Schwester; den Schmerz mit der jammernden Mutter zu theilen,
Kam sie, zerrissen das Kleid, bleich und die Haare zerrauft.
Auch kam Nemesis, kam seiner Jugend Liebe und beide
Küßten den Theuern; es wich keine vom Leichengerüst.
Delia sprach: „Ich war dir zu größerem Heile. So lang du

Treu mich liebtest, so lang blieb auch das Leben dir treu."
„Wie," rief Nemesis, „wie? Was klagst du, wo mich nur Verlust traf?
Mich noch hielt er im Tod fest mit ermattender Hand." – –
Doch wenn mehr noch von uns, als Namen und Schatten, zurückbleibt,
O, dann weilt auch Tibull jetzt im elysischen Thal.
Dort tritt du ihm entgegen, beredter Catull, mit dem Epheu
Heiter umschlungen die Stirn – führe auch Calvus mit dir.
Du auch (denn fälschlich nur hat man des Freundesverraths dich bezichtigt)
Gallus, mit Leben und Blut allzu verschwenderisch, komm!
Ihnen gesellt sich dein Schatten, wenn Schatten wie Körper noch wandeln,
Holder Tibull, und du wardst Einer der Seligen nun.
Lebe denn wohl! Ruh' still und friedlich in sicherer Urne,
Theuere Asche, es sei leicht dir die Erde! Leb' wohl!

## 9. Das Fest der Ceres

Wieder bracht' uns das Jahr der Ceres lenzliche Feier,
Wieder auf einsamer Statt ruhet mein Mädchen allein.

Goldene Ceres, mit Aehren umkränzt die lieblichen Haare,
Warum störet dein Fest unsere Freuden? Warum?
Alle Völker preisen dich laut, Wohlthäterin, Göttin
Weniger neidlos sah Keine noch menschliches Glück:
Vor dir röstete noch kein Getreide der struppige Bauer,
Und kein Mensch aus der Welt wußte von Tennen ein Wort.
Jupiters erstes Orakel, die Eiche, gab nur der Eicheln
Kärgliche Speise, die Flur gab ihre Kräuter dazu.
Ceres lehrte zuerst, wie die Saat aufschießt in den Aeckern,
Und mit der Sichel geschickt schnitt sie den reifenden Halm.
Sie erst beugte ins Joch den Hals der Stiere und sie erst
Riß mit dem blitzenden Pflug auf das uralte Gefild.
Wer kann glauben, daß sie an den Thränen Verliebter sich weidet,
Daß man durch Leiden, durch trüb' einsame Nächte sie ehrt?
Ist sie doch, wenn auch den Landmann sie liebt und den Acker, entfernt nicht
Bäurisch geartet, ihr Herz zarterer Regung vertraut.
Kreter, euch ruf' ich zu Zeugen! Ihr lügt ja nicht immer und ewig!
Kreta, du Land voll Stolz, daß es den Zeus einst genährt,
Ihn, jetzt König der Götter im sternenumleuchteten Weltall,

Der als ein rosiges Kind Milch von der Ziege hier trank.
Glauben verdient drum als Zeuge der Kreter, ihn ehrt ja das Pflegkind,
Und auch Ceres gesteht, glaub' ich, was Jeder schon weiß.
Einst war auf Idas Höhn Jasion jagen gegangen,
Bogengewaltig, und so hat ihn die Göttin gesehn.
Sehen und Lieben war eins, ihr erglühte das innerste Mark gleich,
Heftig um ihren Besitz stritten sich Liebe und Scham.
Aber die Liebe besiegte die Scham: nun dorrten die Aecker
Und nur den kleinsten Ertrag gaben die Saaten zurück.
Hatte mit wackerem Hieb der Karst auch die Schollen zerschlagen,
Hatte der hackige Pflug tüchtig gebrochen den Grund,
War auch die Saat in das Feld dann gestreut gleich mäßig im Bogen –
Wurde die Hoffnung des Manns doch noch am Ende getäuscht.
Feiernd verweilte die Göttin der Flur in den Tiefen der Wälder,
Aehrengolden der Kranz war ihr gesunken vom Haupt.
Kreta lachte allein ob des reichen, gesegneten Fruchtjahrs
Und wo die Göttin nur ging, hatte der Schnitter zu thun.
Selbst in den Wäldern des Ida erglänzt' es von lichtem Getreide

Und in dem Dickicht zertrat stampfend der Eber das Korn.
Minos wünschte ja wohl, der Fürst, daß es immer so daure –
Hätt' er der Ceres nur auch dauernde Liebe gewünscht!
Göttin, wie hättest du damals auf einsamem Lager getrauert!
Und soll einsam nun ich heute zum Feste dir ruhn?
Heut? Da die Tochter du wieder dir fandst und dazu noch als Fürstin
Eines gewaltigen Reichs, welcher nur Juno nicht weicht?
Nein, solch' festlicher Tag heischt Liebe und Wein und Gesang nur,
Das nur sind Gaben, womit würdig die Götter man ehrt.

### 10. Der Entschluß

Vieles ertrug ich und lang, doch auch die Geduld hat ein Ende –
Fort mit dir, Liebe! Ich bin ganz deines Spieles nun satt.
Frei jetzt bin ich, ja frei, und die Ketten hab' ich zerbrochen,
Die ich so lang schon – o Schimpf! trug und doch schimpflich nicht fand.
Siegreich setz' ich den Fuß auf die endlich bezwungene Liebe;
Endlich erwacht' ich, ich fand endlich zur Freiheit den Muth.
Dulde und harre nur aus! Auch der Schmerz wird dir noch

frommen,

Oft hat ein bitterer Trank Hilfe dem Kranken gebracht.

Und so lag ich denn wirklich, ein Freier! wie oft vor der Thüre,

Die du nicht öffnetest, lag hier auf der Schwelle von Stein?

Hielt, ich weiß nicht für wen, dem just in den Armen du ruhtest,

Wacht wie ein Sklave, ein Knecht vor dem verschlossenen Haus?

Sah ich den Braven doch selbst, wie er matt sich und müd' aus der Thür schlich,

Ganz als hab' er die Nacht frech dir am Busen durchschwärmt.

Aber viel schlimmer ist noch, daß auch er mich gesehn hat! O Schande,

Wie ich dem bittersten Feind kaum sie zu wünschen vermag.

War ich nicht immer dir treu und geduldig zur Seite? War ich nicht

Alles dir selber, dein Freund, Wächter, Begleiter, Gemahl?

Hast nicht auch du so dem Volke, von mir begleitet, gefallen?

Ja, meine Liebe zu dir hat erst die Andern verführt.

Soll ich dein Lügen auch noch hier erzählen, dein listiges Trachten,

Wie du zu meinem Verderb falsch selbst die Götter beschworst?

Wie du verstohlene Winke mit jungen Männern beim Schmause
  Zärtlich tauschtest und schlau Worte durch Zeichen verbargst?
Krank einst wardst du gemeldet bei mir. Ich stürze wie sinnlos,
  Komm' auch – da warst du für ihn, meinen Rivalen, gesund.
Dieses ertrug ich und mehr! Und wie oft! Doch ich schweige. Nun suche
  Dir einen Andern, der dieß Alles statt meiner erträgt.
Schon ist im Hafen mein Schiff, umkränzt mit gelobten Gewinden,
  Und gleichgültig von fern hört es die brandende See.
Darum laß mich! Hör' auf! Was willst du dein Schmeicheln und Schönthun
  Länger verschwenden? Ich bin nimmer der Thor wie vordem.

### 11. Liebe wider Willen

Und so streiten noch stets um mein Herz, dieß schwache, der Haß sich
  Ach, und die Liebe; auch siegt, fürcht' ich, die Liebe zuletzt.
Kann ich, so hass' ich; wenn nicht, so muß ich dich lieben und will nicht!
  Trägt ja der Stier auch sein Joch, das er von Herzen doch haßt.
Flieh' ich den Leichtsinn, so führt im Triumph zurück mich die

Schönheit;

Hass' ich das Laster, so reizt doch mich die holde Gestalt.

Was nun beginn' ich? Ich kann nicht mit dir, nicht ohne dich leben –

Helft mir, ihr Götter! O sagt, was mir zu wünschen noch frommt.

Wärst du doch weniger schön oder weniger gottlos! Das möcht' ich!

Denn zu der Sitten Verderb paßt nicht der Adel des Leibs.

Haß nur verdient dein Thun, deine Schönheit flehet um Liebe –

Weh, daß dein holdes Gesicht so zum Vergessen verführt!

Schonung! Ich schwöre beim Recht des gemeinsamen Lagers, bei allen

Göttern, die du so oft, weil sie es litten, betrogst;

Bei dem Gesicht, das so schön mir däucht wie von göttlichen Wesen,

Bei deinen Augen, die mir längst schon die meinen geraubt:

Wie du auch seist, stets bleibst du doch mein; nur wähle du selber:

Soll ich der Deine nun frei oder gezwungen nur sein?

Wähle! Für dich ja nur quält sich mein Herz und wenn es auch manchmal

Trotzig sich sträubt, es begehrt doch nur, dein Sklave zu sein.

### 12. Der Nebenbuhler

Was für ein Tag war das, an dem, schwarzfiedrige Raben,
Düstere Zeichen ihr mir krächztet, dem Liebenden, zu?
Was für ein Unglücksstern trat meinen Geschicken entgegen?
Wer von den Himmlischen, wer kündigt die Fehde mir an?
Kaum erst hab' ich sie recht als die Meine zu lieben begonnen,
Muß ich schon fürchten, mein Glück werde auch Andern zu
Theil.
Täusch' ich mich? Oder empfahl ich sie selbst durch die eigenen
Verse?
Ja, so ist es. Ich selbst gab in den Liedern sie preis.
Und so geschieht mir ja Recht. Was rühmt' ich so laut ihre
Schönheit?
Bot ich nicht selber sie aus förmlich auf Gassen und Markt?
Ich bin der Kuppler, ich selbst, ich führt' ihr das lüsterne Volk zu,
Dem ich mit eigener Hand Thüre und Thor dann erschloß.
Ob auch Verse je nützen? Wer weiß! Mir brachten sie stets noch
Schaden und haben mir nun Neid auf mein Liebstes erweckt.

Stoff bot Theben und Troja genug und die Thaten des Cäsar –
Aber Corinna allein regte zu Liedern mich auf.
Hätten die Musen sich doch unfreundlich den Versen erwiesen,
Hättest mir, Phöbus, doch du feindlich den Rücken gewandt!
Endlich: seit wann ist es Brauch, auf die Dichter als Zeugen zu hören?
Hätte man nun doch auch mir lieber den Glauben versagt!
Wir nur sind es, durch die einst Scylla dem Vater das Haar stahl,
Uns nur dankt sie den Schoß, wüthend von Hunden umbellt.
Wir nur verliehen die Schwingen dem Fuß und die Schlangen dem Haupthaar,
Auf das geflügelte Roß setzten Bellerophon wir.
Wir nur streckten den Tityos hin auf so mächtigem Raume,
Seine drei Köpfe erhielt Cerberus einzig von uns.
Hundertarmig erschufen Enkeladus wir und wir ließen
Doppelgestaltete Fraun Männern berücken das Ohr,
Wir nur schlossen die Winde des Gotts in den Schlauch des Odysseus,
Tantalus büßt den Verrath dürstend im Strome durch uns.
Niobe haben zu Stein wir gemacht, zur Bärin Kallisto,

Prokne als Schwalbe beklagt Itys, den eigenen Sohn.
Jupiter wandeln wir heut zum Vogel und morgen zu Gold um,
Oder er trägt uns als Stier schwimmend Europa durchs Meer.
Red' ich von Proteus noch? Von der Saat der Thebaner, den Zähnen?
Oder den Stieren, die wild Feuer und Flamme gespien?
Nenn' ich noch Phaeton, dich und die Bernstein weinenden Schwestern?
Wie wir aus Schiffen sogar reizende Nymphen gemacht?
Wie von des Atreus grausigem Mahle der Gott sich des Lichtes
Wandte und hartes Gestein lauschte dem Lyragetön?
Ins Unendliche reicht die Schöpferfreiheit des Dichters,
Nicht aus dem Wirklichen nur schöpft er phantastisch sein Lied.
Und so hättet auch ihr an das Lob der Geliebten nicht glauben
Sollen – wie elend doch hat mich euer Glaube gemacht!

## 13. Das Fest der Juno

Da mir die Gattin stammt von den obstbaumreichen Faliskern,
Stieg ich empor zu der Stadt, die du, Camillus, besiegt.
Junos züchtiges Fest mit Spielen und Opfern zu feiern,

Schickten, vom Volk umjauchzt, eben die Priester sich an.
Wohl verlohnt es der Mühe, die heiligen Bräuche zu schauen,
Führt auch der Weg zu den Höhn steil und beschwerlich herauf.
Oben dehnt sich ein Hain, uralt und finster von Bäumen,
Schaudernd erkennst du, zum Sitz hab' ihn ein Gott sich erwählt.
Uralt auch ist der schlichte Altar; doch er hört das Gebet der
Frommen, und Weihrauchduft steigt ihm als Opfer empor.
Hierher, die Straßen entlang, die teppichumwallten, der Flöten
Festliche Weisen voran, schreitet alljährlich der Zug.
Jubelnd vom Volke begrüßt ziehn auf die schneeigen Kühe,
Von des Falisker Gaus eigenen Gräsern genährt;
Kälber sodann, noch fromm, mit freundlich blinkenden Stirnen,
Und des niederen Stalls schlichteres Opfer, das Schwein;
Endlich der Führer der Heerde, der Stier, mit den mächtig gekrümmten
Hörnern – die Ziege nur ist stets noch der Göttin verhaßt.
Denn durch der Ziege Verrath einst im Dickicht des Waldes gefunden,
Ward um die fernere Flucht, sagt man, die Göttin gebracht.

Darum jagen noch heute die Knaben mit Spießen die Falsche,
Und dem, der sie erlegt, wird sie als Beute zu Theil.
Lang hinschleppen die Bursche und schüchternen Mädchen das Festkleid,
Gleichsam, als kehrten erst sie blank für die Göttin den Weg.
Gold und edles Gestein umleuchten die Locken der Jungfraun,
Prächtig flutet das Kleid über den goldenen Schuh,
Und nach der griechischen Sitte der Väter in weißen Gewändern
Tragen das Opfergeräth sie auf dem Haupte daher.
Andachtsschweigen ringsum; denn schon nahen des goldenen Festzugs
Priesterinnen und nun naht auch die Himmlische selbst.
Ganz argivischer Art ist der Zug. Nach dem Mord Agamemnons
War Haläsus, Verrath fürchtend, ins Weite geflohn.
Und nachdem er durchirrt als Flüchtling Länder und Meere,
Baut' er mit glücklicher Hand hier die erhabene Stadt.
Er hat seine Falisker gelehrt die junonische Feier –
Möge sie segnend dem Volk stets sich erweisen und mir.

## 14. Die Sünderin

Nimmer verbiet' ich es dir, zu sündigen: schön wie die Sünde
Bist du ja selbst – doch weßhalb muß ich auch wissen darum?
Auch nicht züchtig und keusch begehrt dich mein Tadel zu machen,
Nein, ich bitte dich nur, daß du dich besser verstellst.
Keine sündigt, so lang sie zu leugnen vermag, daß sie sündigt –
Aber gesteht sie, so ist auch schon ihr Name dahin.
Ist es nicht rasend, am Tag zu gestehn, was der Schleier der Nacht deckt,
Und, was man heimlich erst that, selber dann laut zu beschrei'n? . . . .
Ist es nicht rasend, sich selbst an die giftigen Zungen zu liefern,
Und der begangenen Schuld selbst der Verräther zu sein?
Sei doch wenigstens klug und stell' dich wie züchtige Mädchen –
Bist du auch keusch nicht, wie gern glaub' ich doch, daß du es seist!
Thu' das, was dir gefällt – nur leugne, daß du es thatest,
Führ' vor den Leuten mit Fleiß züchtige Reden im Mund.
Täusche das Volk und täusche mich selbst! In glücklichem Irrthum

Laß mich am thörichten Wahn treuester Liebe mich freun!
Doch was seh' ich so oft das Kommen und Gehen von Briefchen?
Warum find' ich so oft häßlich dein Lager zerdrückt?
Warum seh' ich so oft dein Haar – und gewiß nicht vom Schlafe –
Arg in Verwirrung? Warum brennende Spuren am Hals?
Wahrlich, du leitest noch selbst auf die eigene Schande den Blick hin –
Ganz gleichgültig für dich, schonst du nicht meiner einmal.
Jeder Gedanke vergeht mir, so oft leichtfertig ich also
Höre dich reden und kalt steht auf der Stirn mir der Schweiß.
Dann auch lieb' ich dich noch und begehr' ich umsonst, dich zu hassen!
Dann – doch mit dir nur vereint – wünscht' ich am liebsten mich todt.
Niemals forsch' ich dir nach und merk' ich ein kleines Geheimniß,
Schweig' ich, und trügst du mich erst, weiß ich noch Dank dir dafür.
Ja, würd' ich wirklich einmal auf der That dich ergreifen und würd' ich,
Wie du mir treu bist, mit eigenen Augen nun sehn,

Müßtest du doch, daß richtig ich sah, fest leugnen; beschämt dann
Schwiegen die Augen und Recht hättest auch dießmal nur du.
Leicht ja besiegst du den, der besiegt sein will, wenn mit dreister
Zunge das Eine du nur, immer: „Ich that es nicht“ sagst.
Da vier Worte nun schon zum Sieger dich machen – so siege!
Hilft dir dein Recht nicht, so hilft dir doch dein Richter gewiß.

### 15. Der Abschied

Sieh nun nach anderen Sängern, o Mutter der zärtlichsten Liebe,
Hier zum Schlusse gelangt ist mein elegischer Sang.
Ich, der Peligner, habe die Lieder der Liebe gedichtet,
Und mein heiteres Spiel hat mir nicht Schande gebracht.
Ist es ein Ruhm, wohlan, auch ich bin von edelen Ahnen,
Nicht erst der Wirbel des Kriegs hat mich zum Ritter gemacht.
Mantua freut sich seines Virgil, des Catullus Verona,
Doch mich nennt man dereinst Ruhm des pelignischen Volks,
Das für der Freiheit Hort ruhmreich zu den Waffen gegriffen,
Als vor dem trotzigen Bund Roma, die Stolze, gebebt.
Sieht ein Wanderer einst von fern des quellenumrauschten
Sulmo Mauern, die nur wenige Morgen umfahn,
Wird er sagen: „Die ihr so großen Dichter erzeugen

Konntet, wie klein ihr auch seid, wahrlich, ich nenne euch groß.“

Holder Knabe, und du, amathuntische Mutter, nun führt die
Goldenen Fahnen hinweg, denen so treu ich gedient.
Denn mit erhab'nerem Stab mahnt mich der gehörnte Lyäus,
Daß ich auf größerer Bahn tummle mein stolzes Gespann.
Heitere Muse, leb' wohl – lebt wohl, ihr zärtlichen Lieder!
Ich zwar sterbe, doch euch schuf ich, unsterblich zu sein.